Boas & Pythons
Pflege und Zucht

Erik D. Stoops
Annette T. Wright

Die hübsche Gartenboa (Corallus enydris) ist in Südamerika beheimatet und eignet sich gut für die Gefangenschaftshaltung.
Foto: R.D. Bartlett

Inhalt

Einführung 5

Grundlagen der Pflege 6

Fütterung und Ernährung 26

Gesundheitsprobleme 36

Zucht im Terrarium 66

Beliebte Arten 77

Übersicht der Haltungsbedingungen 118

Anhang 120

Fachwortverzeichnis 133

Über die Autoren 139

Index 142

Widmung

Artenschutz und Zuchtprojekte bieten den Boas und Pythons dieser Welt vielleicht eine Chance zum Überleben und tragen möglicherweise auch dazu bei, ihre Ökosysteme zu erhalten. Gefangenschaftsnachzucht und Studien der Boas und Pythons könnten der einzige Weg sein, um sie vor dem endgültigen Aussterben zu bewahren. Verschiedene Arten befinden sich bereits auf dem Weg zur Ausrottung. Dieser Leitfaden ist jenen Individualisten und Gruppen gewidmet, die für den Schutz von Boas, Pythons und anderen Reptilien dieser Welt eintreten.

© Copyright 1994, bede Verlag GmbH, Bühlfelderweg 12, 94239 Ruhmannsfelden
© Copyright der englischen Ausgabe, T.F.H. Publications. Inc., Neptune City, NJ 07753, USA
Herstellung und Gestaltung: Marcus Degen
Übersetzung: Herprint International CC, P.O. Box 14117, Bredel 1623l, Südafrika

Alle Rechte vorbehalten. Für Schäden die durch Nachahmung entstehen, können Verlag und Autor nicht haftbar gemacht werden.

ISBN 3-927 997-29-3

Einführung

In den letzten Jahren war ein stark ansteigender Trend zur Haltung von Reptilien in Gefangenschaft zu beobachten. Boas und Pythons sind dabei Favoriten vieler Pfleger, da sie sich relativ gut an eine Gefangenschaftshaltung anpassen. Es ist andererseits noch viel Forschungsarbeit erforderlich, um zu ermitteln ob Gefangenschaftshaltung und -nachzucht wirklich zum Schutz bedrohter Arten beitragen. Sicher ist jedoch, daß Gefangenschaftsnachzucht eines Tages eine große Rolle bei der Entscheidung spielen könnte, ob bestimmte Arten überhaupt überleben. Ein Beispiel ist Madagaskar, wo viele natürliche Habitate durch Abholzung der Wälder zerstört werden, um Lebensräume für eine stetig steigende Anzahl Menschen zu gewinnen. Natürlich stellt dies eine starke Gefährdung der einheimischen Arten dar oder hat sogar unmittelbar ihr Aussterben zur Folge. Andere Gebiete, in denen ebenso verfahren wird, sind Jamaica, Puerto Rico und die Virgin Islands. Das Aussetzen von Gefangenschaftsnachzuchten in natürlichen Habitaten ist wahrscheinlich nicht mehr möglich, da diese gar nicht mehr existieren. Das kann letztendlich dazu führen, daß einige dieser Spezies tatsächlich nur noch in Terrarien zu sehen sein werden. Dieses Buch soll dazu beitragen, Amateurpflegern die wichtigsten Grundlagen zur Haltung und Zucht von Boas und Pythons in Gefangenschaft zu vermitteln. Die Informationen setzen sich aus feldherpetologischen Beobachtungen und unseren persönlichen Erfahrungen zusammen. Wir vermitteln auch Beispiele von zufällig gemachten Erfahrungen und schämen uns nicht, über unsere Fehler genauso wie über die Erfolge zu berichten - diese Freizeitbeschäftigung ist eine Lehrzeit für jeden, und der Informationsaustausch ist eine Notwendigkeit, wenn man am Schutz der Boas und Pythons dieser Welt mitwirken will. Gute Haltungsbedingungen sind die Grundvoraussetzung bevor irgendein Zuchtversuch unternommen werden kann. Einer Grünen Anakonda (Eunectes murinus) z.B. muß eine Unterbringung zur Verfügung stehen, die ausreichend groß und ihrem natürlichen Lebensraum so ähnlich wie möglich ist. Einige Schlangen werden nicht so stark durch ihre Umgebung beeinflußt wie andere, aber jede nicht artgerecht gehaltene Schlange wird kränkeln, unbefruchtete Eier oder Totgeburten produzieren.

Die Madagaskar-Boa (Acrantophis dumerili) ist auf Madagaskar beheimatet und eng mit der Königsboa (Boa constrictor) verwandt. Foto: Jim Merli

Grundlagen der Pflege

DAS TERRARIUM

Artabhängig gibt es verschiedene Arten von Terrarien, die für eine erfolgreiche Pflege und Zucht von Boas und Pythons geeignet sind.

Standard- oder Schauterrarien:

Ein Glasaquarium (oder andere Plastik- oder Glasbehältnisse) mit einem Bodensubstrat aus Zeitungspapier, Sägespänen oder Vermiculit eignen sich gut für viele Arten. Zeitungspapier darf nicht farbig bedruckt sein und muß an der Luft für mindestens eine Woche trocknen, um die Tinte auszutrocknen. Hobelspäne sollten nur von Kiefernholz, niemals von Zedernholz stammen, da Zedernholz bei Schlangen zu Vergiftungserscheinungen führen kann. Vermiculit, ein Produkt aus erhitztem Glimmer, ist in Gärtnereien erhältlich und eignet sich hervorragend als Zeitigungssubstrat für Eier und für jede Schlange, die Feuchtigkeit benötigt. Für grabende Schlangen wie den Calabar-Python (Calabaria reinhardtii) z.B., der sich zum Wohlbefinden eingraben können muß und daher einen erdigen, lockeren Untergrund bevorzugt, ist Vermiculit eine akzeptable Alternative. Wir verwenden bevorzugt weiße Frottee-Handtücher als Bodengrundersatz, da diese bei Verschmutzung mit Bleichmittel desinfiziert werden können. Für welches Substrat man sich auch immer entscheiden mag, es muß in jedem Fall extrem sauber und Insekteneier und -larven müssen leicht zu beseitigen sein. Der Bodengrund muß regelmäßig gereinigt werden, speziell die feuchten Stellen, da Schimmelpilze und Mehltau ernsthafte Hautprobleme verursachen können. Andere erforderliche Gegenstände in einer solchen Einrichtung sind ein standfestes Wassergefäß mit etwa 3 cm Wasser, einige Stückchen Borke oder ein Stein als Häutungshilfe, ein Versteckplatz und, je nach Art, einige Kletteräste.

Viele Züchter verwenden heute diese modernen Pflegebehälter anstatt die herkömmlichen Glasterrarien. Foto eines albinotischen Burma-Python (Python molurus bivittatus) von W.P. Mara

Grundlagen der Pflege

Wüstenterrarium:

Einige Boa- und Python-Arten benötigen eine Wüstenatmosphäre. Ein Glas- oder Holzbehälter mit feinem sterilen Sand als Bodensubstrat eignet sich am besten, denn diese Tiere brauchen einen trockenen Lebensraum. Ein Wassergefäß kann, muß aber nicht angeboten werden; einfaches Sprühen wird vielfach bevorzugt. Eingetopfte, weichstachelige Kakteen und verschiedene andere Wüstenpflanzen können zur Dekoration verwendet werden; auf hart bestachelte Pflanzen sollte hingegen verzichtet werden. Beispiele für Schlangen, die diesen Lebensraum bevorzugen sind die Indische Sandboa (*Eryx johnii*) und die Wüsten-Rosenboa (*Lichanura trivirgata gracia*).

Regenwaldterrarium:

Viele Boas und Pythons brauchen diese Art von Lebensraum. Ein Glas- oder Holzbehältnis mit einem der folgenden Substrate ist zu empfehlen: grünes Moos, Vermiculit, Sphagnum-, Torfmoos oder sterilisierte Blumenerde. Der kritische Punkt ist in diesem Fall die Feuchtigkeit. Um ein erhöhtes Feuchtigkeitsniveau zu erhalten, wird eine feine Gazeabdeckung oder ein Glasdeckel mit Lüftungslöchern benötigt. Lebende oder Kunstpflanzen helfen ebenfalls, die Feuchtigkeit zu halten. Für arboreale (baumbewohnende) Schlangen sind natürlich Äste unerläßlich. Sie können darüberhinaus auch sehr dekorativ wirken. Ein Wassergefäß und ein

Mit etwas Aufwand und Geschicklichkeit beim Tischlern können Schlangenterrarien genauso attraktiv wie andere Möbelteile aussehen.
Foto: Susan C. Miller and Hugh Miller.

Grundlagen der Pflege

Versteckplatz vervollständigen die Einrichtung. Beispiele für arboreal lebende Boas und Pythons, die einen solchen Lebensraum benötigen sind der Hundskopfschlinger (*Corallus caninus*) und der Grüne Python (*Chondropython viridis*). Der Blutpython (*Python curtus*) und der Amethystpython (*Python amethystinus*) bevorzugen ebenfalls Regenwaldterrarien, jedoch muß darauf geachtet werden, daß das Substrat nicht naß ist und schimmelt, denn diese Bodenbewohner sind bei zu hoher Feuchtigkeit anfälliger für Hauterkrankungen.

Großes Schauterrarium:

Große Boa- und Python-Arten wie die Grüne Anakonda *(Eunectes murinus)* und der Netzpython (*Python reticulatus*) brauchen ihrer Körperlänge entsprechend große Terrarien. Am besten geeignet ist ein Behältnis aus Holz. Es sollte glatte Oberflächen haben und aus unbehandeltem Holz - z.B. Kiefernholz - hergestellt sein. Andere Holzarten oder behandeltes Holz könnten Chemikalien beinhalten, die eine Gefahr darstellen. Zum Beispiel sind Spanplatten durch ihren Gehalt an Leim giftig. Beize, Farben und Lacke sollten nicht verwendet werden, da einige bei Kontakt mit Feuchtigkeit gefährliche Dämpfe freisetzen. Viele erfahrene Pfleger von Boas und Pythons verwenden wasserfeste Lacke für Holzterrarien, aber wir verzichten lieber darauf, denn das Risiko wiegt schwerer als der Nutzen. Bei einem Terrarium mit Holzboden sichern wir diesen durch Abdecken mit Plastik oder Plexiglasscheiben gegen Beschädigungen der Oberfläche oder Schimmelbildung. Selbst eine Plastiktischdecke, über den Boden gespannt und mit doppelseitigem Klebeband befestigt, hat die gleiche Wirkung. Viele Pfleger haben größere Boas und Pythons mit gutem Erfolg in einem separaten Zimmer in ihrem Heim gehalten. Ist das der Fall, sollte darauf geachtet werden, daß die Bewegungsfreiheit auf einen Raum beschränkt bleibt und der Schlange ständig eine Möglichkeit zur Aufnahme von Wasser und Wärme geboten wird. Je nach Größe des Hauses oder der Wohnung könnte ansonsten selbst der größte Python zu lange Strecken zurücklegen müssen, um ein Wassergefäß zu finden. Abhängig von der Art kann der Großbehälter als Wüsten-, Wald- oder auch tropischer Lebensraum gestaltet werden; mit großem Wasserbecken zum Schwimmen, relativ großen Bäumen und einer Benebelungsanlage lassen sich sehr attraktive Lebensräume darstellen, die den natürlichen recht ähnlich sind.

Aufzuchtterrarium:

(für Jungtiere und Problemschlangen): Die bei weitem effektivste Haltungsmethode von Jungschlangen ist ein schuhschachtelgroßer Platikbehälter mit einem Untergrund wie bei den Alttieren aber ohne Extras wie Pflanzen und Steine. Wassernäpfe sollten mit maximal 1,5 cm Wasser gefüllt sein, um ein Ertrinken zu verhindern. Einige Quellen empfehlen Wassergaben nur so lange wie die Schlange trinkt und das anschließende Entfernen des Wassergefäßes. Daraus aber ergibt sich die Frage was passiert, wenn die Schlange nicht auf Bestellung trinkt? Wenn das Jungtier frißt und gedeiht, kann es in einen größeren Behälter überführt werden, der aber immer noch kleiner ist als der, den ein Alttier benötigen würde. Lassen Sie sie in diesem etwas heranwachsen. Es ist besser einen größeren Behälter anzubieten, bevor die Schlange dem alten entwachsen ist und sich nicht mehr bewegen kann. Für die arboreal lebenden Schlangen können kleine Zweige und Ästchen in den schuhkartongroßen Behälter eingebracht werden. Sie werden möglicherweise nicht in der Lage sein, von ihnen herunterzuhängen, aber sie können auf ihnen liegen und sich wohlfühlen.

Da die meisten Boas und Pythons relativ groß sind, benötigen sie zur Zucht viel Platz.
Foto einer Gartenboa (Corallus enydris) von Roberta Kayne.

Grundlagen der Pflege

Einrichtung:

Wasserbehälter, Baumäste, Pflanzen und Versteckplätze sind Dinge, die in den künstlichen Lebensraum hineingehören. Wassernäpfe aus Keramik oder schwerem Plastik sind ideal, da sie nicht so leicht umzukippen sind. Die Größe des Gefäßes hängt von den Abmessungen des Terrariums und von den Bedürfnissen der Art ab. Generell wird eine große bodenbewohnende, tropische Schlange wie der Burma-Python (*Python molurus bivittatus*) eine Wanne beanspruchen, die groß genug ist, um auch darin liegen zu können. Zum Beispiel kann eine Badewanne oder ein Kinderplanschbecken in einem raumgroßen Terrarium verwendet werden. Da nicht jeder einen extra Raum für eine Badewanne und eine Schlange hat, tut es auch eine große Schüssel. Viele Arten sind mit einem kleinen Trinkgefäß bereits bestens versorgt, da nicht alle auch schwimmen wollen. Die Wüstenbewohner brauchen einen trockenen Lebensraum, und so sollte das angebotene Wassergefäß eher klein und dafür besonders standfest sein. Arboreale Boas und Pythons verbringen die meiste Zeit in den Bäumen und ziehen das Aufnehmen von Wasser von den Blättern und Behälterwänden dem Trinken aus einem Gefäß vor. Wir verwenden mittelgroße Wasserschalen in den Behältnissen dieser Schlangen, mehr aber zur Erhöhung der allgemeinen Luftfeuchte als dem Trink- und Badebedürfnis Rechnung zu tragen. Baumäste für die arborealen Boas und Pythons sollten aus gereinigtem Holz bestehen (völlig trocken und frei von Insektenlarven). Kunstpflanzen oder lebender Wein

Dem Boa- und Python-Liebhaber stehen viele verschiedene Dekorationsmaterialien für seine Terrarien zur Verfügung. Es ist jedoch ratsam nur solche zu verwenden, die sich leicht reinigen lassen.
Foto: Susan C. Miller und Hugh Miller.

Grundlagen der Pflege

haben einige Vorteile: Feuchtigkeit wird durch Besprühen der Blätter mit Wasser erhalten, sie spenden Schatten und Sichtschutz. Einige Blühpflanzen können für Schlangen giftig sein. Wir wurden z.B. von einer Gärtnerei darauf aufmerksam gemacht, keine Paradiesvogelblumen zu verwenden, da diese dafür bekannt sind, als Freßpflanze für die meisten Tiere giftig zu sein. Aber warum sollte eine Schlange eine Pflanze fressen wollen? Ein leicht rauher Stein ist in jedem Terrarium eine nützliche Hilfe beim Häutungsvorgang, wobei von den Schlangen für diesen Zweck auch die Kanten des Wassergefäßes oder die Äste benutzt werden.

Sichtschutz:

Alle Schlangen benötigen einen Versteckplatz, wenn sie sich gestört oder gestreßt fühlen. Ruhe ist unerläßlich für eine erfolgreiche Paarung und Trächtigkeit. Der einfachste Weg ist das Einrichten eines Versteckplatzes. Dieser kann sehr einfach aus einem Schuhkarton oder Pappollen oder auch aufwendiger aus Holz, Borke oder Fels (Kork ist sehr schwer gründlich zu reinigen) hergestellt werden. Grabende Schlangen ziehen es generell vor, sich im Bodensubstrat zu verstecken, und arboreale Schlangen lieben Baumäste und Blätter. Während der Paarungszeit und Trächtigkeit sollte allen Boas und Pythons ein solcher Platz zum Verstecken und Brüten zur Verfügung stehen. Auch wenn er vielleicht anfänglich nicht benutzt wird so ist er doch verfügbar, wenn sie ihn brauchen.

Für die vielen arboreal lebenden Arten der Familie Boidae sind Kletteräste ein absolutes Muß. Foto von Hundskopfschlingern (Corallus caninus) von Roberta Kayne.

KLIMAKONTROLLE

Wärme:

Der durchschnittliche Temperaturbereich für die meisten Boas und Pythons liegt zwischen 27 und 30° C, wobei einige Arten ganz spezielle Temperaturansprüche stellen. Besonders für die Paarung werden die Temperaturen für Boa- und Pythonmännchen normalerweise um 5-10° C abgesenkt. Das steigert die Fruchtbarkeit. Verbreitete Methoden zur Wärmeerzeugung sind die elektrischen "heißen Steine", Glühlampen, elektrische Heizbänder und -kabel, Boden-Heizmatten, Heizkissen und -lampen. Für welche dieser Heizarten man sich auch entscheidet, die Schlange muß immer die Möglichkeit haben, der Wärme zu entgehen und einen kühlen Platz im Terrarium aufsuchen können.

Grundlagen der Pflege

"Heiße Steine":

Diese werden normalerweise im Zoohandel angeboten und sind kostspieliger als andere Heizer. Ihr Vorteil liegt in ihrer Attraktivität, der geringen Größe und darin, daß sie leicht transportierbar sind. Der Nachteil ist der, daß es sehr leicht zu Verbrennungen kommen kann, wenn die Schlange direkt auf dem Stein liegt, um Wärme zu tanken, und größere Tiere können immer nur Teile ihres Körpers aufwärmen. Da es sich hierbei um ein elektrisches Teil handelt, welches im Terrarium installiert ist, muß sehr sorgfältig darauf geachtet werden, daß es nicht naß wird. "Heiße Steine" sollten nie bei Jungtieren Verwendung finden, da diese noch nicht wissen, wann sie ihn zu verlassen haben. Daraus können Verbrennungen und Dehydration (Austrocknung) resultieren.

Elektrische Heizbänder und -kabel:

Das ist eine weitverbreitete Art der Beheizung. Es handelt sich hierbei um ein Kabel in einer Silikonummantelung, welches sich erwärmt wenn es angeschlossen wird. Es wird an einer Seitenwand des Glas- oder Holzterrariums angebracht oder darunter verlegt. Der Vorteil von Heizbändern oder -kabeln ist, daß man sie einfach an ein Thermostat anschließen kann und sehr wirksam in Brutbehältern verwendet werden können; auch für Jungtierterrarien in Regalgestellen sind sie gut geeignet.

Grundlagen der Pflege

Heizmatten:

Auch diese werden im Zoohandel angeboten und stellen eine Kombination der beiden zuvor genannten Beheizungsmethoden dar. Ausgesprochene Boden-Heizmatten werden direkt unter den Glasboden des Terrariums gelegt und sollten nicht für Holzbehälter verwendet werden. Heizmatten allgemein können sowohl unter als auch im Terrarium benutzt werden, wo sie mit dem Bodensubstrat zugedeckt werden. Der Vorteil in dieser Art der Beheizung liegt darin, daß eine größere Wärmefläche angeboten werden kann. Der Nachteil ist, daß in einem kleineren Terrarium die beheizte Fläche zu groß ist und die Schlange dann keine Ausweichmöglichkeit hat.

Glühlampen (herkömmlicher Typ):

Lampenfassungen und 60 bis 150 Watt Glühbirnen können in jedem Kaufhaus oder Haushaltswarengeschäft erworben werden. Diese Methode ist ausgesprochen preiswert und für mittelgroße bis große Terrarien wirksam genug. Der Vorteil ist die Strahlungswärme, das heißt, die gesamte Lufttemperatur im Terrarium wird beeinflußt, wodurch sich die Schlange im Ganzen erwärmt, und nicht nur einen Teil ihres Körpers. Auch kann die Lampe leicht im Terrarium angebracht werden,

Es kostet viel Zeit und Mühe, ein Terrarium wie dieses so naturgetreu wie möglich zu gestalten. Wie man sehen kann, ist das Ergebnis jedoch den Aufwand wert. Foto eines Königspythons (Python regius) von B. Kahl

Grundlagen der Pflege

*Heizmatten werden in der Terraristik immer beliebter. Sie sind verhältnismäßig preiswert und höchst zuverlässig.
Foto: Susan C. Miller und Hugh Miller.*

*Die meisten Boiden benötigen hohe Temperaturen während der Paarungszeit.
Foto einer Königsboa (Boa constrictor) von R.D. Bartlett.*

Grundlagen der Pflege

wo sie die Wärme direkt abgibt, oder sie wird über der Gazeabdeckung montiert. Der Nachteil liegt darin, daß diese Heizung nicht nur Wärme sondern auch Licht produziert und damit den Tag/Nacht Zyklus (Photoperiode) der Boas und Pythons stören kann. Ebenfalls kann es zu Verbrennungen kommen, wenn die Schlange in Kontakt mit der Glühbirne kommt. Es ist daher ratsam, einen Dimmer zu installieren, der nicht nur die Lichtintensität sondern auch die Wärmestrahlung regelt. Wir hatten einen Königspython (*Python regius*), der dermaßen durch das Licht irritiert war, daß er es wiederholt attackierte und das Futter so lange verweigerte, bis diese Heizquelle ausgetauscht wurde. Die Lehre, die wir daraus zogen ist, daß wenn eine Schlange einen Gegenstand im Terrarium ablehnt, dieser schnellstens entfernt werden muß!

Die Zweckmäßigkeit von Glasschiebetüren in einem Boa- oder Python-Terrarium ist fraglich, da die sehr kräftigen Tiere sich leicht einen Weg durch eine dünne Glasscheibe brechen können. Zeichnung: Richard Davis

Heizlampen:

Diese sollten ausschließlich in großen, geräumigen Terrarien verwendet werden und durch ein Thermostat oder einen Dimmer geregelt werden, denn sie erzeugen enorme Hitze. Der Heizstrahler muß für die Schlange unerreichbar und gegen Feuchtigkeitskontakt abgeschirmt sein. Diese Lampen sollten nicht wie Glühlampen zur Erhöhung der Gesamttemperatur benutzt werden, sondern wegen der hohen Hitzeentwicklung nur für eine Teilerwärmung (Punktheizung). Es muß dementsprechend viel Raum angeboten werden, um der Hitze ausweichen zu können.

Luftfeuchtigkeit:

Jede Boa- oder Python-Art stellt unterschiedliche Ansprüche an die Luftfeuchtigkeit, speziell in der Paarungszeit und während der Trächtigkeit. Luftfeuchtigkeit ist wichtig für den Wasserhaushalt der Tiere. Während der Paarungszeit

Grundlagen der Pflege

Eine Glühbirne auf der Abdeckung des Terrariums ist durchaus eine Methode der Beleuchtung. Zeichnung: Richard Davi

Für einige bodenbewohnende Jungschlangen ist ein solches Terrarium gut geeignet. Zeichnung: John R. Quinn.

Sprühen:

Benutzen Sie eine Plastikflasche mit Sprühkopf, gefüllt mit sauberem warmem Wasser und besprühen Sie die Wände des Terrariums ebenso wie die Pflanzen und Äste. Arboreale Schlangen wie die Costa Rica-Boa (*Corallus annulata*) nehmen Wasser direkt von den besprühten Stellen auf. Diese Methode ist dem Benässen der Schlange oder des Bodensubstrates vorzuziehen. Nasses Substrat kann Schimmel erzeugen, und das Begießen einer Schlange mit Wasser kann deren Stoffwechsel empfindlich stören.

muß für viele Schlangen eine Regenzeit simuliert werden, um die Bereitschaft zur Paarung zu stimulieren. Die folgenden Beispiele zeigen einige der herkömmlichen Methoden zur Erzeugung von Luftfeuchte und Feuchtigkeit.

Auch die Jungtiere der arboreal lebenden Boas und Pythons benötigen schon kräftige Äste. Zeichnung: John R. Quinn

Grundlagen der Pflege

Für den Transport von Boas und Pythons zu Ausstellungen, Vereinstreffen oder auch zum Tierarzt, erfüllt ein einfacher Behälter, wie diese Plastikkiste, gefüllt mit einer Streu aus feinen Hobelspänen, sehr gut ihren Zweck. Foto: W.P. Mara.

Raumbefeuchter:

Dieses sind elektrische Geräte zur Erzeugung von Luftfeuchte in Räumen. Der Vorteil in ihrer Verwendung ist, daß die Luftfeuchte eines relativ großen Raumvolumens erhöht wird, wodurch sie besonders effektiv für Terrarien in Regalbauweise sind. Der Nachteil liegt in der Möglichkeit der Beschädigung der Zimmerwände durch die Feuchtigkeit (Schimmelbildung) und in der Tatsache, daß sie einen idealen Nährboden für Bakterien darstellen. Besonders wenn das Gerät dicht am oder sogar im Terrarium steht, ist die Schlange einem erhöhten Risiko von Bakterienbefall ausgesetzt.

Benebelungsanlage:

Solche Anlagen werden häufig in Zoologischen Gärten verwendet und sind für Großterrarien gemacht. Sie sind besonders wirkungsvoll, wenn es darum geht, eine hohe und konstante Feuchtigkeit und Luftfeuchte zu erzielen, wie sie von den

Dieser Terrarientyp bietet alles, was eine junge Boa oder ein Python benötigt: einen Ast, einige Steine, weiches Substrat, einige Pflanzen, und ein großes Wasserbecken.

Zur Schaffung geeigneter Zuchtbedingungen ist Feuchtigkeit unerläßlich. Foto eines jungen Hundskopfschlingers (Corallus caninus) von R.D. Bartlett.

tropischen arborealen Arten wie der Hundskopfschlinger (*Corallus caninus*) und zahlreichen Indo-Australischen Wasserpythons (*Liasis*) benötigt wird. Um eine solche Anlage für Terrarien zu installieren, benötigt man Nebelsprühköpfe oder Berieselungsleitungen, die im Terrarium angebracht und mit einer ständigen Wasserquelle verbunden werden. Die Sprüheinrichtung wird innen an der Abdeckung befestigt. Der Boden des Terrariums muß etwas erhöht sein und einen Wasserauffangbehälter unter einer Abflußöffnung oder Anschluß an die Abwasserleitung haben. Der Boden sollte besser aus feinem Gazematerial als aus Holz bestehen, da letzteres durch die Nässe schimmeln und sich zersetzen würde. Ein solches Schaubecken kann ein extrem schönes Vorzeigestück sein, ausgestattet mit UV-Beleuchtung, Pflanzen, Ästen und so weiter. Es muß aber bedacht werden, daß, wenn die Nebelanlage für etwa 15 Minuten am Stück läuft, das Terrarium etwa drei bis vier Tage zum völligen Abtrocknen benötigt, bevor die nächste Benebelung stattfinden kann. Normalerweise sollte das Nachts geschehen, um einen Regenschauer einer Gegend zu simulieren, in der Niederschläge meistens nach der Tageshitze auftreten.

BELEUCHTUNG

Alle Boas und Pythons benötigen UV-Licht oder ungefiltertes Sonnenlicht für eine korrekte Verarbeitung der Vitamine und Mineralstoffe in ihrem Futter. Es beeinflußt auch die Häutungen und sorgt für einen funktionierenden Stoffwechsel. Werden die Schlangen nicht in einem Freilandgehege gepflegt, so ergibt sich die Notwendigkeit einer künstlichen UV-

Grundlagen der Pflege

*Der regelmäßige Gebrauch von Tageslicht-Lampen mit UV-Anteil in der Schlangenhaltung findet erst seit kurzem die nötige Beachtung.
Foto: W.P. Mara*

Bestrahlung mittels spezieller Lampen. Diese können im Zoofachhandel erworben werden. Die Lampen selbst sind Leuchtstoffröhren mit einer anderen Zusammensetzung der Spektralfarben bis in den UV-Bereich. Der Hauptnutzen dieser Lampen ist eine Erschließung von Vitamin D3 und damit eine erhöhte Kalzium- und Phosphoraufnahme in den Knochen. Experimente mit Vitamin D3 ergaben einen erheblichen Einfluß auf die Befruchtungsfähigkeit von Spermien und eine Verbesserung des Stoffwechsels während der Trächtigkeit. Das Licht der UV-Lampen ist diffuser und wirkt weniger störend auf die normale Photoperiode der Schlangen, sollte aber nachts trotzdem ausgeschaltet sein.

Wenn ein Terrarianer seinen Zuchtstamm in einwandfreiem Gesundheitszustand wissen will, so muß er die Tatsache akzeptieren, daß eine regelmäßige Reinigung ein Muß ist. Foto einer Pazifik-Boa (Candoia bibroni) von R.D. Bartlett.

*nächste Seite:
Tageslicht-Lampen sind wichtig für das Wohlbefinden der Schlange und beeinflussen die Zucht. Foto einer Königsboa (Boa constrictor), von A. v.d. Nieuwenhuizen.*

Grundlagen der Pflege

Das Einrichten eines regelmäßigen Reinigungsplanes und diesen auch einzuhalten, ist höchst empfehlens-wert. Das Ziel sollte sein, daß alle Exemplare so gesund aus-sehen wie dieser schöne Ramsays Python (Aspidites ramsayi).
Foto: R.D. Bartlett.

Photoperiode:

Diese bezieht sich auf den Tag/Nacht-Zyklus im Leben der Boas und Pythons. Nocturnale (nachtaktive) Schlangen fressen und vermehren sich nachts; diurnale (tagaktive) tagsüber. Werden Glühbirnen als Heizung verwendet, müssen sie über einen Dimmer zur Nacht gedrosselt werden, um nocturnalen Schlangen den Schutz der Dunkelheit zu bieten. Rote Glühbirnen sind ebenfalls nützlich, da sie Hitze ohne grelles Licht abgeben. Sie sind auch für Jungtiere zu empfehlen, weil auch viele von ihnen grelles Licht als störend empfinden. Der Pfleger sollte eine gleichbleibende Regelung der Beleuchtungs- und Dunkelphasen im Terrarium einhalten. Dafür eignen sich Zeitschaltuhren sehr gut.

HYGIENE

Das ist sicherlich der wichtigste Punkt für die korrekte Haltung. Bakterienerkrankungen können Terrarienbestände komplett vernichten, und der häufigste Überträger von Krankheiten ist die Hand des Pflegers. Hände sollten nach dem Umgang mit einem Tier immer gründlich gewaschen werden, bevor das nächste angefaßt wird, da völlig normale und harmlose Bakterien der Haut eines Tieres für ein anderes sehr wohl gefährlich sein können. Kränkliche Tiere müssen getrennt von allen anderen untergebracht werden, was auch generell für unterschiedliche Arten gilt. Die Bodensubstrate müssen bei Verschmutzung gewechselt werden, in Feuchtterrarien natürlich öfter als in trockenen. Wenn das Substrat erneuert wird, sollten auch alle anderen Einrichtungsgegenstände sowie das Terrarium selbst desinfiziert werden. Wir empfehlen eine Lösung von einem Teil

Grundlagen der Pflege

Haushaltsbleichmittel auf zehn Teile Wasser, die man für 30 Minuten wirken läßt. Dann wird mindestens dreimal abgespült, bis alle Rückstände vollständig entfernt worden sind. Wir kennen Pfleger, die Ammoniak auf die gleiche Weise verwenden, aber hier steht die Langzeitwirkung in Frage. Seifen und andere Reinigungsmittel sollten vermieden werden, da sie sich schlecht und oft nur unvollständig wieder entfernen lassen. Ihre Rückstände können potentiell giftig sein. Wassergefäße müssen täglich gereinigt und mit frischem Wasser gefüllt werden. Kot sollte umgehend entfernt werden, denn er bietet den geeigneten Nährboden für Bakterien. Das führt nicht nur zu Gesundheitsproblemen; es stinkt auch.

BUCHFÜHRUNG

Grundsätzlich ist eine exakte Buchführung eine gute Idee für jeden Terrarianer. Einige Hauptpunkte in den Aufzeichnungen sollten sein:

1. Herkunft: Wann und wo wurde die Schlange erworben.
2. Grunddaten - Länge, Gewicht, allgemeiner Gesundheitszustand und Probleme jeder Art
3. Aufzeichnungen über Fütterungen, Häutungen und alle möglicherweise damit verbundenen Probleme.
4. Zuchtdaten - wann die Paarung stattfand, Zeitpunkt der Eiablage oder Geburt und Daten der Jungtiere
5. Erkrankungen oder Todesfälle.

Diese Buchführung kann so allgemein oder detailliert sein, wie der Pfleger es für sinnvoll hält. Die Informationen werden auf Karten festgehalten, welche am jeweiligen Terrarium befestigt sind, oder können (wenn Sie sich die Mühe machen wollen) auch als Computerdatei angelegt werden. Auch wer nur ein oder zwei Schlangen pflegt, sollte seine Daten aufzeichnen, denn oftmals werden solche Dokumentationen später für Veröffentlichungen benötigt.

HANDHABUNG

Jede einzelne Schlange hat nicht nur eigene Bedürfnisse, sondern auch Empfindungen dafür, was sie mag oder nicht; speziell in der Handhabung. Bei falscher und/oder zu häufiger Handhabung, oder wenn die Schlange nicht in der Stimmung ist, sich anfassen zu lassen, kann es zu erheblichen Streßerscheinungen kommen. Verantwortungsbewußte Reptilienpfleger werden ihre Schlange stets mit Respekt und Verständnis behandeln und als Gegenleistung dafür eine dem Menschen gegenüber umgängliche Schlange haben. Einige Schlangen, z.B. viele Baumboas (*Corallus*), sind allgemein als aggressiv bekannt, aber auch eine solche Schlange kann, mit dem nötigen Verständnis und Vorsicht, gehandhabt werden. Einer Schlange nähert man sich ganz langsam

Wenn man eine Schlange zum ersten Mal anfaßt oder eine handhabt, über deren Temperament man sich nicht im Klaren ist, sollte das Tier hinter dem Kopf gegriffen werden.
Foto: Boelens Wasserpython

und vorsichtig, denn man kann nie wissen, in welcher Gemütsverfassung das Tier gerade ist. Wir nähern uns unseren Schlangen routinemäßig erst durch Ansprechen und sanfte Berührung ihrer Körper (die Hand ist dabei offen, die Finger zusammen und ausgestreckt, oder die Hand ist im Fall eines zu erwartenden Abwehrbisses zur Faust geschlossen). Nach dieser Versicherung können wir sie langsam dem Terrarium entnehmen. Rollt sich die Schlange zusammen wie ein Ball, versucht sich heftig windend der Handhabung zu entziehen oder wird aggressiv, wird sie wie vorher beschrieben wieder beruhigt. Es ist besonders für Boas und Pythons günstig, wenn sie sich am Körper des Pflegers festhalten können. Würgeschlangen fühlen sich sicherer wenn sie sich um etwas herumwickeln können. Hals und Körper werden gestützt, wobei die Schlange beweglich bleiben sollte. Wird das Tier für einige Zeit wirklich festgehalten und an der Bewegung gehindert, wird es ungestüm versuchen sich zu befreien. Typisch für Schlangen ist, daß sie immer zuerst den wärmsten Platz aufsuchen, Wärme aufnehmen und danach anfangen, aktiv zu werden. Offensichtlich ist der bevorzugte Platz vieler Schlangen der Hals oder Körper ihres Pflegers, denn da ist es angenehm warm. Sie sollten einer Schlange nie erlauben, sich um Ihren Hals zu schlingen; nicht nur weil die größeren Schlangen Sie erwürgen können, selbst kleinere Schlangen können schon Ohnmachten auslösen. Der Druck der Muskulatur des Schlangenkörpers auf die Adern am Hals kann einen unregelmäßigen Herzschlag und eine Unterversorgung des Gehirns mit Sauerstoff zur Folge haben. Es gibt Situationen, in denen es unvermeidbar ist, die Schlange in ihrem Bewegungsdrang zu behindern, z.B. zum Verabreichen von Medikamenten. Die Schlange muß sehr vorsichtig hinter dem Kiefer, aber nicht um den Hals gegriffen werden, der Rest des Körpers wird stützend gehalten. Bei großen Schlangen wie den Anakondas (Eunectes) sollten zwei oder drei Helfer zur

Viele Menschen wissen nicht, daß einige Boiden ebenso scharfe und schmerzhafte Wunden verursachende Zähne haben wie viele Giftschlangenarten. Foto eines Hundskopfschlingers (Corallus caninus) von Robert S. Simmons

Handhabung hinzugezogen werden. Stehen diese nicht zur Verfügung, versucht man die Schlange in einen Stoffsack zu stecken. Kopf oder Schwanz ragen je nach Bedarf aus der Sacköffnung, die mit Klebeband verschlossen wird. Der Sack stützt den Körper recht gut, und man kann nun das entsprechende Körperteil behandeln. Muß am Körper selbst gearbeitet werden, empfiehlt es sich, den Kopf in einen und den Schwanz in einen anderen Sack zu stecken. So ist die Schlange weder in der Lage zu beißen, noch den Pfleger mit ihrem Kot zu beschmutzen, was sehr häufig vorkommt und nicht gerade angenehm ist. Auch bei aggressiven Schlangen hat sich die Sackmethode bestens bewährt. Die Schlange wird mit Hilfe von Schlangenzangen oder einem Schlangenstock in den Sack befördert. Wenn das Tier versucht, sich umzudrehen und aus dem Sack zu schlüpfen, wird sie für kurze Zeit ihre Aggressionshandlungen unterbrechen. Sowie der Kopf aus dem Sack herauskommt, müssen die Sackenden schnell zugehalten werden, so daß der Rest des Körpers nicht folgen kann. So hat die Schlange kaum noch eine Chance zum Attackieren, speziell wenn der

Grundlagen der Pflege

Säcke wie dieser werden sehr oft bei herpetologischer Feldarbeit benutzt, aber einige Boa- und Python-Arten sind zu groß für sie und reißen die Nähte auf.
Foto: Susan C. Miller und Hugh Miller.

Sack aufgehängt und nicht auf einen Tisch oder ähnliches gelegt wird. Dann kann mit der Beruhigung und Handhabung des Tieres fortgefahren werden. Ist der Grund der Handhabung eine Untersuchung der Schlange, benutzt man einen Sack aus weißem oder zumindest hellem Nylon; ebenfalls brauchbar sind Netzsäcke.

TRANSPORT

Das Transportieren von Schlangen ist eine andere Art der Handhabung, die falsch durchgeführt zu starkem Streß führen kann. Zum Verschicken per Flugzeug oder auf dem Postweg (in Deutschland und vielen anderen Ländern ist es verboten, Schlangen per Post zu versenden - kommerzielle Transportgesellschaften akzeptieren eine solche Sendung eventuell), sollte die Schlange in einem Stoffsack verpackt in einen Transportbehälter aus Styropor plaziert werden. Dieser wird mit Zeitungspapier oder Stoffresten ausgepolstert, damit die Schlange sich nicht allzu frei bewegen und andererseits nicht gedrückt werden kann. Der Versand findet am besten nachts statt und sollte nicht länger als einen Tag dauern, denn je schneller das Tier wieder in einen angemessenen Lebensraum zurück kann, desto geringer ist der Streß. Wir hörten von Pflegern, die Schlangen verschickten, ohne der Transportgesellschaft oder Fluglinie mitzuteilen, daß die Tiere in einer möglichst kurzen Zeitspanne transportiert werden müssen und nicht für

Foto eines jungen Diamant-Teppichpythons (Morelia spilotes) von W.P. Mara.

mehrere Tage in einem Lagerhaus herumliegen dürfen. Diese Situationen endeten dann mit übermäßig gestreßten oder, in einigen Fällen, toten Schlangen. Für kurze Transportstrecken (wie zum Tierarzt) kann die Schlange in jedem geeigneten Behältnis wie in Stoffsäcken, Papiertüten, einer sauberen Kiste oder einer Plastikschachtel (niemals Plastiktüte) unterge-

bracht werden. Außer bei Stoffsäcken brauchen die Behälter Luftlöcher. Es ist ratsam, die Schlange vor dem Transport mit Wasser zu besprühen oder bei längeren Strecken einen Wasserbehälter mit sich zu führen, um eine Überhitzung oder Dehydration der Schlange zu verhindern. Die Schlange oder auch andere Reptilien werden Ihnen ganz klar zeigen, wenn sie nicht angefaßt werden wollen, und es ist wichtig, diesen Anzeichen Aufmerksamkeit zu zollen: enges Zusammenrollen (der Ballpython [*P. regius*] ist nicht die einzige Schlange mit diesem Verhalten), Ergreifen eines Einrichtungsgegenstandes im Terrarium und kräftiges daran Festhalten, Fauchen, wilde Versuche, sich einzugraben oder Angriffe sind solche Erscheinungen. Kann man die Schlange nicht beruhigen, sollte man sie für eine Weile in Ruhe lassen. Ein neuer Versuch, wenn sie größere Bereitschaft zeigt, beweist den Respekt vor den Bedürfnissen des Tieres.

Beim Handhaben einer Boa oder eines Pythons wird immer der Kopf die erste Stelle sein, wo das Tier mit einem festen Griff gepackt wird. Viele Arten, auch diese Neuguinea Rautenboa (Candoia aspera) sind ein gutes Beispiel für das, was die Terrarianer als "unberechenbar" bezeichnen.
Foto: Roberta Kayne

Fütterung und Ernährung

Foto eines Schwarzkopf-Pythons (Aspidites melanocephalus) beim Verschlingen einer großen Ratte. Ratten werden häufig als Futter für Boiden verwendet und sind in den meisten Tierhandlungen erhältlich. Foto: Roberta Kayne

Eine gesunde Ernährung ist ein sehr wichtiger Faktor bei der Gefangenschaftshaltung jeder Schlange. Bevor ein Pfleger mit der Zucht seiner Schlangen beginnen kann, müssen eine ausgewogene Ernährung und regelmäßige Fütterungen seine Hauptanliegen sein. Unfruchtbarkeit, kränkliche Jungtiere und sogar Fehlgeburten können als Folge von vorangegangenen, nicht ausreichenden Futtergaben auftreten. Es liegt im Interesse des Pflegers, sich über die früheren Freßgewohnheiten einer Schlange zu informieren. Dies vereinfacht das Herausfinden eventuell vorhandener Ernährungsprobleme und deren Handhabung. Boas und Pythons sind Würgeschlangen, das heißt, sie erdrosseln ihre Beute. Dieses Verhalten wird oft fälschlich als Erdrücken oder Zerquetschen dargestellt, was nicht ganz der Tatsache entspricht. Beim Umschlingen eines Futtertieres übt die Schlange Druck auf die Rippen aus und engt damit den Brustkorb so ein, daß die Lungen sich nicht mehr ausdehnen können. Das Atmen wird dadurch zunächst erschwert und dann unmöglich. Normalerweise werden dabei keine Knochen im Körper des Beutetieres gebrochen. Ist das Beutetier tot, wird es in einem Stück verschlungen. Die Schlange hat keine Möglichkeit die Beute zu zerkauen, zu zerreißen oder auf andere Art zu zerkleinern, weshalb auch die richtige Futtergröße angeboten werden muß.

Bevorzugtes Futter

Boas und Pythons nehmen verschiedene Beutetiere wie Nagetiere, Frösche, Echsen und Vögel an. In Gefangenschaft bevorzugen die meisten Pfleger eine Ernährung mit Nagetieren, wobei man daran denken muß, daß einige Boas und Pythons unterschiedliche Geschmäcker und Vorlieben haben. Mäuse und Ratten, wie auch Küken, Baumfrösche und kleine Echsen können angeboten werden. "Pinkies" sind neugeborene Ratten, Mäuse oder Gerbile, "Fuzzies" sind ältere Nagetierbabies, die die Augen noch nicht

Ernährung

Alle Boas und Pythons töten ihre Beute durch Erwürgen. Dazu wickeln sie ihren Körper um das Opfer und drücken es so lange, bis der Erstickungstod eintritt. Foto: A. v.d. Nieuwenhuizen.

Boas und Pythons können leicht Beutetiere, die viel größer als Ihr eigenes Maul sind, verschlingen. Das wird durch das "Ausklinken" des Unterkiefers möglich. Foto: A. v.d. Nieuwenhuizen.

Normalerweise hält eine Boide ihre Beute während des Würgevorganges mit den Kiefern fest.
Foto: A. v.d. Nieuwenhuizen.

Oft verschlingen Boas oder Pythons eine solche Mahlzeit in wenigen Minuten. Foto: A. v.d. Nieuwenhuizen.

Ernährung

Der Pfleger sollte Futtertiere immer nur in der angemessenen Größe anbieten. Zu große Beutetiere erschweren das Verdauen erheblich.
Foto eines Angola-Pythons (Python anchietae) *von K.H. Switak.*

offen aber bereits Fellwuchs haben. "Springer" sind Nagetierbabys, die gerade entwöhnt sind.

Wieviel wie oft?

Bei der Frage, wieviel Futter einer Schlange angeboten werden muß, empfiehlt es sich zunächst, mehrere kleine Futtertiere anstatt eines großen zu reichen. Jungtiere benötigen kleines Futter ein bis zweimal pro Woche, ihrer Eigengröße und ihrem Stoffwechsel angepaßt. Semiadulte (halbwüchsige) Schlangen sollten alle sieben bis neun Tage gefüttert werden. Sie verhalten sich stets extrem hungrig, auch wenn sie reichlich gefüttert werden. Bei Überfütterung einer solchen Schlange setzt der Pfleger jedoch die Gesundheit des Tieres aufs Spiel. Wir wissen z.B. von Fällen, in denen Burma-Pythons von den Pflegern so viel Futter bekamen, daß die Tiere nach einem Jahr Längen von 3 m bis 3,60 m aufwiesen, was auf jeden Fall eine absurde Größe für einen Jährling ist. Die Schlangen waren leicht zur Paarung zu bewegen, aber ihre Eier erwiesen sich als unbefruchtet, da die Geschlechtsreife bei den meisten Boas und Pythons erst im Alter von 18 bis 20 Monaten erreicht wird, unabhängig von der Größe. Bei adulten (ausgewachsenen) Exemplaren richtet sich die Häufigkeit der Fütterungen nach dem Stoffwechsel der einzelnen Arten. Zum Beispiel benötigt eine schwerfällige Schlange wie der Königspython (*Python regius*) weniger Futter als eine aktive Schlange wie der Weißlippen-Python (*Liasis albertisii*), der einen höheren Stoffwechsel hat. Einige Arten können für mehrere Monate ohne Futter auskommen, ohne Abmagerungserscheinungen zu zeigen. Besonders der Königspython konfrontiert seinen Pfleger oft mit Futterverweigerung über endlos erscheinende Monate. Trotzdem sollte Futter regelmäßig angeboten werden, denn irgendwann ist das Tier wieder hungrig.

Eine andere Entscheidung, die der Pfleger treffen muß ist die, ob lebendes oder abgetötetes Futter gereicht werden soll. Lebende Beutetiere in ihrem Terrarium eingeschlossen, könnten von der Schlange als Eindringlinge angesehen, aus Selbstverteidigung angegriffen und getötet, dann aber nicht gefressen werden. Der Pfleger muß sich auch darüber klar sein, daß ein lebendes Beutetier, speziell ein Nager, aus Angst aggressiv auf die Schlange reagieren könnte und durchaus die Waffen hat, diese schwer zu verletzen. Auf der anderen Seite verweigern viele Schlangen abgetötete Futtertiere, weil sie "unattraktiv" sind. Hat der Pfleger sich für totes Futter entschieden, und die Schlange zeigt sich demgegenüber nicht abgeneigt, ist der beste Weg der Beschaffung über einen Tiefkühl-Futtertierhandel. Ist das nicht möglich, kann der Pfleger selbstverständlich lebende Beutetiere auf sehr inhumane Art abtöten, indem er sie einfach einfriert. Warmblüter, wie Nager, erfrieren elendig, aber man sieht es ja nicht. Viele Autoren empfehlen daher z.B. die Beute durch einen Schlag auf den Kopf zu betäuben, was allerdings immer noch eine Verletzungsgefahr für die Schlange darstellt, wenn das Beutetier das Bewußtsein wiedererlangt bevor es gefressen wurde. Für uns ist Einfrieren die beste Methode. Die meisten Boas und Pythons werden schon als Jungtiere erkennbare Freßgewohnheiten entwickeln. Wie dem auch sei, eines Tages wird der Pfleger mit der Situation der Futterverweigerung seiner Schlange(n) konfrontiert werden. Es gibt eine ganze Reihe von Gründen, warum das geschehen kann, und den wahren Auslöser zu finden, kann sehr zeitaufwendig sein.

Boas und Pythons können das Futter verweigern wenn die Temperatur und/oder die Luftfeuchte nicht optimal sind, das Terrarium nicht sauber ist, wenn sie häuten wollen oder unter Streß stehen. Einige bevorzugen ganz bestimmte Tageszeiten, andere ganz bestimmte Stellen im Terrarium wo sie Futter annehmen, auch werden bei der Art und Weise der Futterverabreichung Unterschiede gemacht (z.B. lieber von einer Zange als aus den Fingern des Pflegers). Wir wurden von einem verzweifelten Vereinskameraden angesprochen, der nicht in der Lage war, seinen halbwüchsigen Königs-

Mäuse und Ratten sind das am häufigsten angebotene Futter für Schlangen in der Terrarienhaltung. Sie gewährleisten eine vollwertige Ernährung von Boas und Pythons und sind leicht erhältlich. Foto: Michael Gilroy.

Ernährung

Ein aggressiver Vogelfresser, der Hundskopfschlinger (Corallus caninus) ist bekannt dafür, in der Krone von hohen Bäumen zu liegen und seine Opfer im Flug zu "schlagen". Foto: Jim Merli.

Eine der wenigen echten Wasserboiden, die Grüne Anakonda (Eunectes murinus), hat ein weitgefächertes Nahrungsspektrum, welches Fische, kleine Schildkröten und auch kleine Kaimane beinhaltet. Foto: Jim Merli.

python zum Fressen zu bewegen. Durch eingehende Befragung fanden wir heraus, daß er beim Füttern seiner Schlange den Wasserbehälter und den Versteckplatz aus dem Terrarium nahm und das abgetötete Nagetier der Schlange direkt vor die Nase hielt. Wir rieten dazu, die Einrichtung im Terrarium zu belassen, da dies vertraute Gegenstände für das Tier sind, das Futter ebenfalls ins Terrarium zu geben und sich dann zurückzuziehen. Bei dieser sehr scheuen Schlange führte diese Verfahrensweise zum Erfolg. Einige Pfleger füttern ihre Schlangen außerhalb der Terrarien, um letztere sauber zu halten; ein Vorgehen, welches wir nicht befürworten können. Für manche Boas und Pythons ist das eine erschreckende Prozedur, weil sie aus ihrer vertrauten Umgebung entfernt werden. Einige Schlangen sind so auf ihr "Heim" fixiert, daß sie ihre Beute sogar in ihren Versteckplatz zerren, um sie dort zu verspeisen.

Zwangsernährung

Wenn Appetitmangel anhält und in Gewichtsverlust, Unterernährung und Lethargie ausartet, wird der Pfleger zur Zwangsernährung schreiten müssen, um das Tier zu erhalten. Zwangsfütterung ist ein schwieriger Prozeß, der nur von erfahrenen Pflegern durchgeführt werden sollte. Normalerweise hängt eine Schlange beim Fressen ihre Unterkieferspangen aus, um die Beute aufzunehmen. Langsam schiebt sie durch rhythmische Preßbewegungen der Nacken- und Oberkörpermuskulatur das Futter die Speiseröhre hinunter in den Magen. Das Futter wird durch Speichel "geschmiert" wenn es in den hinteren Mundraum gelangt. Bei der Zwangsfütterung wird die Schlange durch leichten Druck auf die Kieferenden dazu gebracht, das Maul zu öffnen. Normalerweise wird dann ein schmaler flacher Gegenstand, wie ein hölzerner Spatel, zwischen Ober- und Unterkiefer ins Maul geschoben. Extreme Vorsicht ist geboten, um Kiefer und Hals nicht zu verletzen, da die Schlange diese Prozedur nicht widerstandslos über sich ergehen läßt.

Das Futter wird am Besten in flüssiger oder halbflüssiger Form mittels einer Pipette, einer kleinen Pumpe oder durch ein mit einer Pipette verbundenes Röhrchen

Einige Boas und Pythons können das Futter verweigern, wenn die klimatischen Bedingungen nicht der Art entsprechen.
Foto eines Felsenpythons (Python sebae) von A. v.d. Nieuwenhuizen..

Man sollte versuchen, seine Boiden an eine regelmäßige Fütterung zu gewöhnen und diese auch einzuhalten.
Foto eines Angola Pythons (Python anchietae) beim Verschlingen einer Ratte: K.H. Switak.

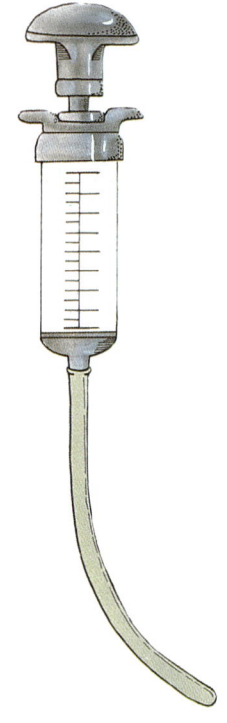

Eine Spritze mit Schlauch wie sie bei Zwangsfütterungen verwendet wird. Wenn auch normalerweise erfolgreich, ist die Zwangsfütterung trotzdem eine streßvolle Prozedur für eine Schlange und sollte nur als letzter Ausweg gewählt werden. Zeichnung: Scott Boldt.

verabreicht. Ein ganzes, festes Futterstück zu verabreichen, ist noch schwieriger, da Schlangen sehr geschickt darin sind, diese wieder auszuspucken. "Pinkie Pumps" (spezielle Pipetten, die zerkleinern, verflüssigen und das Futter durch Betätigen der angeschlossenen Pumpe direkt in den Schlangenhals befördern) sind käuflich zu erwerben. Selbst halbfestes Futter muß mit Wasser oder einem sterilen Schmiermittel auf Wasserbasis gleitfähig gemacht werden, damit es ohne Probleme in den Magen gelangen kann. Verflüssigte Nahrung, Flüssigkeit und Elektrolytlösungen wie auch Medikamente können einfach durch eine mit einem Röhrchen verbundene Pipette in den hinteren Mundraum oder nur durch eine Pipette direkt in das Maul gegeben werden. Die Schlange kann die Lösung dadurch "trinken" und ohne Probleme herunterschlucken. Ist die Nahrung erst tief genug im Hals, kann sie auch leicht in den Magen weiterbefördert werden. Auf diesem Wege benötigt die Schlange einen geringeren Energieaufwand als wenn sie den

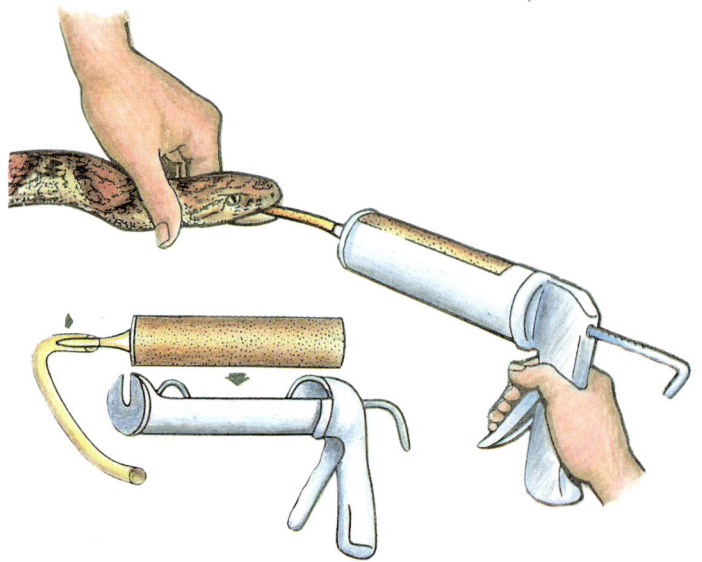

Einige Terrarianer bevorzugen ihre selbsthergestellten Zwangsfütterungs-Werkzeuge, insbesondere die Silikon-Pistole. Die Abbildung zeigt gleichfalls wie der Kopf der Schlange während des Vorganges gehalten werden sollte. Zeichnung: John R. Quinn.

Ernährung

Die Fütterung von Jungschlangen kann eine sehr frustrierende Angelegenheit sein. Der Pfleger wird eine Reihe unterschiedlicher Futterarten ausprobieren müssen. Foto junger Gartenboas (Corallus enydris) von R. Allan Winstel.

Kiefer aushängen und die Nahrung durch Muskelkontraktion weiterbefördern müßte. Unsere bevorzugte Mixtur besteht aus püriertem Rindfleisch oder Hähnchen, kleinen Mengen von Knochenmehl und Vitaminen und rohem Ei mit einer Elektrolytlösung. Es ist sehr leicht, mittels einer Pipette dieses zu verabreichen und wurde von den so behandelten Schlangen sehr gut vertragen. Der Pfleger darf nicht vergessen, daß die Schlange bei jeder Art von Zwangsernährung stark gestreßt wird, weshalb nur kleine Mengen auf einmal verabreicht werden und lange Pausen zwischen den einzelnen Gaben gemacht werden sollten. Sowie das Tier wieder anfängt zu Kräften zu kommen, sollte der Pfleger zur gewohnten Fütterungsweise zurückkehren und der Schlange erlauben, wieder selbständig zu fressen

Fütterung der Jungtiere

Die Fütterung von Jungtieren erfordert anfangs viel Geschick und kann sich sehr zeitaufwendig gestalten. Nach der ersten Häutung kann ein kleines Futtertier angeboten werden. Es kann allerdings sein, daß die Fütterungsversuche des Pflegers bis zu einer Woche nach der ersten Häutung erfolglos bleiben, weil das Jungtier sich immer noch von den Resten des Dottersackes ernährt, welcher es bis zur Geburt am Leben erhält. Manche Jungschlangen sind gute Fresser und akzeptieren abgetötete Futtertiere willig, andere wieder sind sehr eigenwillig und akzeptieren anfänglich ausschließlich lebendes Futter oder ganz spezielles wie Frösche oder Echsen. Ihre Bereitwilligkeit zur Futteraufnahme hängt darüberhinaus von ihrer Umgebung ab, denn junge Schlangen sind typischerweise sehr scheu und fühlen sich oft schnell bedroht. Eine häufig angewandte Methode zur

Neugeborene/frisch geschlüpfte Schlangen werden gewöhnlich nicht vor der ersten Häutung fressen. Foto eines schlüpfenden Diamant-Pythons (Morelia spilotes) von Paul Freed.

Fütterung von eigenwilligen Jungtieren ist, das Futtertier mit den Eingeweiden einer bevorzugteren Beuteart einzureiben, z.B. von einem Hähnchen oder einer Echse. Wir praktizieren das mit allen Jungtieren des Grünen Baumpythons (*Chondropython viridis*) und des Hundskopfschlingers (*Corallus caninus*), seit sie wiederholt darauf bestanden, daß ihre nackten Mäuse oder Ratten erst "parfümiert" wurden. Für Jungschlangen, die auf lebendes Futter bestehen, sollte auch das Futtertier ein Jungtier sein, damit es nicht zu Verletzungen durch das Beutetier kommen kann. Wenn alle Versuche einer Fütterung scheitern, muß man zur Zwangsfütterung übergehen. Wenn man die Jungschlange genau betrachtet, wird man feststellen wie klein und zerbrechlich sie ist. Dementsprechend schwierig ist diese Prozedur. Das Verabreichen von flüssiger oder halbverflüssigter Nahrung durch eine Pipette oder ein sehr dünnes Röhrchen ist die einzige wirklich sichere Methode. Die Gaben müssen sehr klein sein und mit großer Vorsicht verabreicht werden, um z.B. einen Darmbruch zu verhindern. Wegen der

Der Burma-Python (Python molurus) verfügt über einen enormen Appetit; ein Charakterzug, auf den man bei jeder im Terrarium gehaltenen Schlange achten sollte.
Foto: Roberta Kayne.

Ernährung

Streßsituation und der Empfindlichkeit des Objektes ist das Risiko, das Tier zu verletzen oder sogar zu töten sehr groß, weshalb nur erfahrene Terrarianer eine solche Fütterung durchführen sollten. Unterernährung kann ebenfalls ein großes Problem darstellen. Das trifft aber nicht nur auf nicht ausreichend gefütterte und ausgemergelte Schlangen zu, sondern auch auf überfütterte und daher fettleibige. Gesundheitsprobleme wie bakterielle Infektionen und Parasitenbefall können ebenfalls Unterernährung zur Folge haben. Diese Zustände müssen frühestmöglich erkannt und behandelt werden, speziell wenn die Schlange zur Zucht vorgesehen ist und gesunde Jungtiere erwartet werden.

Semiadulte Braune Sandboa (Eryx johnii). Foto: Jeff Wines

Gesundheitsprobleme

Die Vermeidung von Erkrankungen ist ein wesentlicher Aspekt einer guten Haltung. Glücklicherweise sind die meisten der auftretenden Probleme einfach zu handhaben, jedoch ist es wichtig zu wissen, wie sie entstehen und in Zukunft vermieden werden können. Die Konfrontation mit Gesundheitsproblemen stellt einen Lernprozeß dar, den jeder Pfleger früher oder später durchmacht. Ein mit Reptilien vertrauter Tierarzt ist eine unschätzbare Hilfe bei der Diagnose von Problemen und der Behandlung von komplizierten Erkrankungen. Wir möchten an dieser Stelle darauf hinweisen, daß die folgenden Beispiele auf unseren eigenen Erfahrungen basieren und Behandlungsmethoden geschildert werden, die nicht notwendigerweise von Veterinärmedizinern befürwortet werden müssen. Vorausgesetzt man will nicht unbedingt Verantwortung für das Leben der Schlange in die eigenen Hände nehmen, ist es sicherlich besser, einen Fachmann aufzusuchen, als irgendwelche Chemikalien anzuwenden.

Wann immer eine Boa oder ein Python eine Injektion, egal welcher Art benötigt, sollte diese nur von einem qualifizierten Fachmann verabreicht werden. Foto: Dr. Fredric L. Frye aus "Reptile Care".

Natürlich werden in Gefangenschaft gehaltene Schlangen auch sterben. Wenn dieser Fall eintritt, ist es empfehlenswert, das Tier für eine spätere Obduktion zu konservieren. Foto: Dr. Fredric L. Frye

Quarantäne für Wildfänge

Beim Erwerb einer Boa oder eines Pythons aus der Nachzucht einer zuverlässigen Quelle ist die Gefahr für jegliches ernsthaftes Gesundheitsproblem geringer als bei Wildfängen. Erhält man einen Wildfang, sollte das Tier für etwa einen Monat isoliert in einem separaten Raum beobachtet werden, bevor es mit anderen vergesellschaftet wird.

Gesundheitsprobleme

Streß

Streß ist eine der häufigsten Todesursachen bei Reptilien. Er wird durch nicht fachgerechte Haltung, falsche Handhabung und unsachgemäßen Transport verursacht. Er erhöht auch die Gefahr für Gesundheitsprobleme wie bakterielle Erkrankungen, die ihrerseits erneuten Streß verursachen. Dieser teuflische Kreislauf findet sich auch bei vielen Reptilien die, obwohl für ihre Widerstandsfähigkeit in Gefangenschaft bekannt, plötzlich anfangen zu kränkeln. Eine gestreßte Schlange verweigert die Futterannahme, wird teilnahmslos, zeigt kraftlose Farben, erbricht sich oder leidet unter Durchfall. Zur Behandlung des Tieres ist vor allem eine artgerechte Unterbringung erforderlich. Die von der Art bevorzugte Temperatur und Luftfeuchte muß in einem idealen Terrarium verwirklicht werden. Solchermaßen kranke Schlangen sollten keinesfalls gehandhabt werden und brauchen ein erhöhtes Maß an Ruhe.

Verbrennungen

Brandwunden treten häufig auf, wenn ein Reptil für längere Zeit Körperkontakt mit einer Heizeinrichtung hat. Rote oder graue, geschwollene oder blasige Körperstellen zeigen Verbrennungen an. Bei schweren Verbrennungen fehlen die Schuppen, die Haut darunter ist gräulich und glänzt. Überhitzung ist zwar keine Verbrennung, aber ebenso gefährlich. Eine überhitzte Schlange ist überaus aktiv und auf der permanenten Suche nach Schatten oder Wasser, um der quälenden Wärme zu entgehen. Stark überhitzte oder verbrannte Schlangen winden sich krampfartig oder liegen sogar mit der Bauchseite nach oben. Überhitzung über einen langen Zeitraum, speziell bei Jungtieren, endet mit Knochendeformationen. Als Sofortmaßnahme bei einer überhitzten Schlange legt man diese in ein lauwarmes Wasserbad – nicht jedoch in eiskaltes. Das Wasser senkt die Körpertemperatur langsam, und angebotene Flüssigkeit und Elektrolyte bekämpfen die entstandene Dehydration. Bei Verbrennungen muß die Haut vorsichtig jeden Tag mit klarem Wasser gereinigt werden. Aufgetragene Salben

Verbrennungen verursachen der Schlange große Schmerzen und hinterlassen bleibende Narben.
Foto: Dr. Fredric L. Frye

Ernsthafte Hautverletzungen sollten schnellstens behandelt werden. Der verursachte Streß allein kann bereits zum Tode führen. Foto: Dr. Fredric L. Frye

Gesundheitsprobleme

Traumatische Verletzungen (Bißwunden)

Die häufigsten Verletzungen sind Bißwunden durch Beutetiere, insbesondere durch Nagetiere. Beim Füttern sind daher zuvor getötete Beutetiere zu bevorzugen. Erstens ist das lebende Futtertier ein Eindringling im Territorium der Schlange, die darauf abwehrend reagieren und unter Streß geraten kann. Zweitens könnte das Beutetier, besonders ein Nager

Da Boas und Pythons bisweilen sehr groß und kräftig sind, können sie unterdimensionierte Terrarien-Glasscheiben durchbrechen. Die dadurch entstehenden Schnittwunden müssen oftmals genäht werden.

Tiefe, klaffende Fleischwunden wie diese, sind oft das Ergebnis von Kämpfen untereinander im Terrarium oder durch aggressive Beutetiere. Foto: Dr. Fredric L. Frye

schützen die Wunde während des Heilungsprozesses. In dieser Zeit sollte die Temperatur 24° bis 27°C betragen, und alle Gegenstände müssen sauber und trokken gehalten werden, um das Risiko einer Infektion niedrig zu halten.

Gesundheitsprobleme

oder eine Echse, zurückbeißen wenn die Schlange faucht oder angreift. Um das zu verhindern, sollte nur abgetötetes Futter angeboten oder der Freßvorgang sehr genau beobachtet werden. Man muß vorbereitet sein, das Futtertier wieder aus dem Terrarium zu entfernen, wenn die Schlange nicht hungrig ist. Niemals sollte man lebendes Futter unbeaufsichtigt über Nacht im Terrarium belassen! Zu Bißwunden kann es auch kommen, wenn der Pfleger mehrere Schlangen gleichzeitig im selben Terrarium füttert. Die schnellen Bewegungen einer Schlange beim Beutefang können von den anderen Schlangen falsch gedeutet werden, und Angriffe und Bisse können die Folge sein. Ebenfalls kann es dann zu Problemen kommen, wenn der Pfleger den Kontakt mit anderen Haustieren wie Hunden oder Katzen erlaubt. Das ist einer der schwerwiegendsten Gründe, warum es immer besser ist, eine Schlange in einem geschlossenen Terrarium anstatt frei im Zimmer zu halten. Bisse können so klein wie eine Einstichwunde oder so groß wie ein Riß sein, und kräftige Bisse können tief genug sein, um Muskelgewebe zu verletzen. Eine gebissene Schlange ist stark gestreßt und erregt. Normalerweise blutet die Wunde und ist dadurch leicht erkennbar. Tägliches Reinigen mit klarem Wasser und Auftragen von Salben unterstützen die Heilung. Der Speiseplan muß durch Vitamingaben ergänzt werden, um ein gutes Verheilen von Haut und Gewebe zu gewährleisten, wobei Narben nicht zu verhindern sind. Ernsthafte Bißwunden sollten von einem Tierarzt behandelt werden, da oftmals operative Eingriffe, Nähte und/oder spezielle Verbände notwendig sind. Ebenso häufig ereignen sich Unfälle wenn mehrere Schlangen versuchen, dasselbe Beutetier zu verschlingen und sich dabei ineinander verbeißen. Versuchen Sie niemals, die Schlangen einfach auseinander zu ziehen. Tauchen Sie sie stattdessen einfach in ein Wasserbad; sie werden unverzüglich voneinander ablassen. Einen solchen Unfall zu verhindern, heißt in erster Linie, alle Tiere getrennt zu füttern.

Mußte bei einer Schlange eine Wunde genäht werden, ist es wichtig, daß der Pfleger dem Tier für einige Wochen absolute Ruhe gönnt. Ein Minimum an Bewegung der betroffenen Körperstelle stört bereits den Heilungsprozeß. Foto: William B. Allen, Jr.

Vergiftungen

Es gibt eine lange Liste von Substanzen die, wenn sie von Schlangen gefressen, als Dämpfe eingeatmet werden oder bei Hautkontakt giftig wirken. Die Grundregel ist, keine Chemikalien im oder um das Terrarium herum zu verwenden, so lange diese nicht nachweislich ungefährlich für Reptilien sind. Einige der besser bekannten, Probleme verursachenden Substanzen, sind verschiedene Puder, Ammoniak, Seifen, Insektenvernichtungsmittel, Klebstoffe und Spanplatten. Wir möchten in diesem Zusammenhang besonders den Gebrauch von "Insektenstrips" zur Milbenbekämpfung erwähnen, was heute recht populär zu sein scheint. Diese sollten niemals im Terrarium verwendet werden. Das gleiche gilt auch für

Gesundheitsprobleme

Betrachten Sie die Kopfschuppen dieses Grünen Baumpython (Chondropython viridis). So sollten die Kopf-schuppen Ihrer eigenen Schlangen auch aussehen.
Foto: Jim Merli.

Gesundheitsprobleme

Regelmäßige Untersuchungen auf Milben und Zecken sind sinnvoll.
Foto einer Nördlichen Madagaskar-Boa (Acrantophis madagascariensis) von K.H. Switak.

die klebrigen "Fliegenstrips" und ähnliche Dauerfallen. Jungtiere und kleine Schlangen können durchaus an dem leimartigen Material festkleben und sterben. Wenige chemische Substanzen, wie Bleichmittel, können als Reinigungswirkstoff bei der Bekämpfung verschiedener Krankheiten eingesetzt werden, sollten aber nie in direkten Kontakt mit den Schlangen kommen. Die generellen Regeln bei der Anwendung, welcher Substanz auch immer, sind: nur kleine Mengen und auch nur gelegentlich benutzen, mit Wasser die Konzentration herabsetzen, gründliches Aus- oder Abspülen der Substanz, es sei denn, es handelt sich um eine medizinische Lösung, die nicht abgewaschen werden soll (z.B. antibiotische Salben).

Erbrechen und Auswürgen von Nahrung

Es gibt verschiedene Faktoren, die zu Erbrechen führen können; Streß durch zu häufiges Anfassen, ungünstige Umgebungstemperaturen und Überfütterung sind dabei die Hauptgründe. Nach Transporten jeder Art brauchen Schlangen Zeit zum Erholen und um sich wieder einzugewöhnen und sollten deshalb für mindestens sieben Tage nach dem Transport nicht gefüttert werden. Wasser sollte allerdings sofort angeboten werden. Zu hohe Temperaturen können gleichfalls zum Erbrechen

Gesundheitsprobleme

Atemwegserkrankungen sind häufig das Ergebnis von vernachlässigter Pflege, genauer gesagt von Zugluft oder stark wechselnden und/oder unzureichenden Temperaturen. Schlangen wie diese junge Regenbogenboa (Epicrates cenchria cenchria) benötigen hohe Temperaturen, um zu gedeihen. Foto: R.D. Bartlett.

Links: Eine der günstigsten Stellen für Milben- und Zeckenbefall ist der Kopf. Foto einer Madagaskar-Boa (Acrantophis dumerili) von Roberta Kayne.

führen. Nach der Nahrungsaufnahme sollten Schlangen für wenigstens 24 Stunden nicht gehandhabt werden. Das Anfassen während dieser Zeit kann nicht nur das Erbrechen der Nahrung, sondern auch Verletzungen der gedehnten Innereien zur Folge haben. Das Füttern von großen Mengen oder zu großen Beutetieren kann zu einer Überdehnung und damit zum wieder Auswürgen des Futters führen. Schlangen, die sich in Behandlung mit Antibiotika befinden, werden vielleicht durch die Vernichtung der normalerweise im Darm vorhandenen Bakterien wiederholt die Nahrung auswürgen, da eine korrekte Verdauung nicht möglich ist. Wird das Futter erbrochen, gönnen Sie der Schlange einige Tage Ruhe, bevor Sie einen erneuten Fütterungsversuch unternehmen. Überzeugen Sie sich bei der Verwendung von toten Futtertieren davon, daß diese handwarm und frisch sind. Und nicht zuletzt, geben Sie dem Tier Ruhe und Zeit.

Verstopfung

Abhängig vom Bewegungsdrang und dem generellen Stoffwechsel (Verdauungszyklus) der Schlange kann eine Kotabgabe irgendwann zwischen zwei Tagen oder auch drei bis vier Wochen nach der letzten Fütterung stattfinden. Manche Schlangen koten fast ausschließlich vor einer Häutung, zeigen aber trotz einer offensichtlichen Verstopfung keinerlei Anzeichen von Unwohlsein. Hinweise auf eine Verstopfung sind nicht unbedingt an einem veränderten Verdauungsrhythmus zu erkennen, sehr wohl aber an Störungen des Wohlbefindens wie Aufgeblähtheit, Teilnahmslosigkeit und Futterverweigerung. Die beste Behandlungsmethode bei

Gesundheitsprobleme

Verstopfungen ist das Baden der Schlange in warmem Wasser. Bei schweren Fällen, die ein Reißen der Hinterleibwand zur Folge haben können, ist die gleiche Behandlung anzuraten, nur muß das Wasser dann keimfrei sein. Selbstverständlich sollte ein Tierarzt eine solche Schlange untersuchen und eine wirkungsvollere Behandlung anraten. Wir hörten von einem Fall, wo man bei einer unter Verstopfung leidenden Schlange eine Darmspülung vornahm. Diese wurde mit Hilfe einer mit Glyzerin eingeschmierten Pipette durchgeführt und resultierte in einem weiteren Trauma und Verletzungen des Dickdarmes. Bevor also irgendwelche Schritte unternommen werden, sollte auf jeden Fall ein Fachmann dazu befragt werden.

Probleme mit der Atmung

Atmungsprobleme entstehen durch bakterielle oder Virusinfektionen, die bei Streßbelastung zum Ausbruch kommen können. Kältestreß, verursacht durch eine unzureichende Beheizung oder auch Transportstreß, machen die Schlange anfällig für Atemwegserkrankungen. Es gibt viele verschiedene Erreger, die zu einer Erkrankung der Atmungsorgane führen, aber die Anzeichen und Symptome sind typisches Husten und Schnaufen, Schleimabsonderung durch die Nase, Atmen bei geöffnetem Maul mit Speichelabsonderung, Futterverweigerung und allgemeine Streßanzeichen. Die Schlange kann wegen der erschwerten Atmung auf der Seite liegen, und eine Anschwellung der Lungenregion kann sichtbar werden. Zeigt eine Schlange Symptome einer Atemwegserkrankung, ist es wichtig, sie sofort in einem anderen Raum zu isolieren. Die Hände sind nach jedem Kontakt mit ihr gründlich zu reinigen, denn diese Krankheiten sind schnell auf andere Tiere übertragbar. Die erste Behandlungsmaßnahme für diesen Fall ist eine Temperaturanhebung auf 30° C, und es ist darauf zu achten, daß das Umfeld trocken gehalten wird. Ein Gefäß mit etwas Eukalyptusöl im Terrarium wird die blockierten Atemwege etwas befreien und der Schlange das Atmen erleichtern. Da Schlangen hochempfindlich auf Geräusche und

Gesundheitsprobleme

*Machen Sie es sich zur Gewohnheit, Maul- und Nasenumfeld regelmäßig auf Sekretabsonderungen und ähnliches zu untersuchen. Dies sind oft die ersten Anzeichen für Atemwegserkrankungen.
Foto einer Jamaica-Boa (Epicrates subflavus) von R.D. Bartlett.*

Anfassen reagieren, ist extreme Ruhe unerläßlich. Antibiotika wie Ampicillin und Amoxicillin können bevorzugt oral verabreicht werden, auch wenn andere Quellen mehr zu Injektionen raten. Ein Beispiel: Unser Hundskopfschlinger (Corallus caninus), der aus Südamerika importiert wurde, schnaufte und gab knatternde Geräusche von sich. Er wurde in einem 50-Liter Terrarium mit einem Ast und einem kleinen Wassergefäß isoliert. Das Bodensubstrat bildeten baumwollene Sanitätstücher. Um genügend Wärme anzubieten, plazierten wir eine Heizmatte unter dem Glasboden und eine Heizlampe über dem Terrarium. Die Temperatur wurde bei konstant 30° C gehalten. Die Terrarienabdeckung und Frontscheibe wurden mit Tüchern verhängt, um Ruhe zu gewährleisten und um das Becken warm und trocken zu halten. Der Schlange wurden zweimal täglich 250 mg Ampicillin in einer Elektrolytlösung über das Maul verabreicht. Im Terrarium befand sich ein kleines Gefäß mit einigen Tropfen Eukalyptusöl. Diese Behandlung wurde sieben Tage lang fortgesetzt, wonach das Schnaufen und Husten aufhörte. Der "Patient" verblieb aber zur

Gesundheitsprobleme

weiteren Beobachtung noch für die folgenden sieben Tage in seinem Behältnis. Nachdem keine weiteren Komplikationen auftraten, wurde die Schlange wieder in ihr eigentliches Terrarium überführt, wo sie ohne Probleme Futter annahm. Auch für Schlangenarten, die eine hohe Luftfeuchtigkeit beanspruchen, ist warme und trockene Luft wichtig, um einen guten Heilungsprozeß zu ermöglichen und einer Vermehrung von Bakterien entgegenzuwirken. Die besagte Schlange trank willig, und nach der Behandlung wurde der normale Benebelungs- Sprührhythmus wieder aufgenommen. Bei Nichtbehandlung vieler Atemwegserkrankungen kann es neben anderen Erscheinungen zu Pneumonie (Lungenentzündung) kommen, weshalb eine frühzeitige Behandlung wichtig ist.

Diese Aufnahme zeigt deutlich die Merkmale eines schweren Falles von infektiöser Stomatitis, auch als Maulfäule bekannt.
Foto: William B. Allen, Jr.

Andere bakteriell bedingte Erkrankungen

Salmonellose: Wenn auch heute viel seltener als früher, sind Salmonellen immer noch ein existierendes Problem. Schlangen können, genau wie andere Reptilien auch, von Salmonellen befallen werden. Durch eine Kotuntersuchung bei einem Tierarzt läßt sich eine solche Erkrankung diagnostizieren.

Infektiöse Stomatitis (Maulfäule): Das ist die häufigste aller Erkrankungen bei Schlangen. Die Bakterien greifen die Schleimhäute des Gaumens an, befallen schließlich den Knochen und zerstören die Zähne, das Zahnfleisch und die Kiefer. Viele Autoren

Gesundheitsprobleme

Ventralansicht eines konservierten Exemplares von Boa constrictor melanogaster. *Foto: J.K. Langhammer.*

merken an, daß unzureichende Haltungsbedingungen wie unsaubere Terrarien und abgestandenes Wasser zu den Auslösern der Maulfäule zählen. Andere Ursachen, z.B. Verletzungen durch Attacken auf harte Gegenstände, Aufreiben von Maul und Nase an Metallverkleidungen und allgemeiner Streß erhöhen ebenfalls die Anfälligkeit für diese Erkrankung. Die Anzeichen für Maulfäule sind gräulich verfärbte, geschwollene Lippen und Gaumen und ein ständig geöffnetes Maul. Bei Nichtbehandlung breitet sich die Infektion rasant aus und kann im fortgeschrittenen Stadium auch die Speiseröhre und Eingeweide befallen. Es muß darauf geachtet werden, erkrankte Tiere sofort zu isolieren. Das Tragen von Handschuhen und regelmäßiges Händewaschen müssen als Vorsichtsmaßnahmen streng eingehalten werden, um

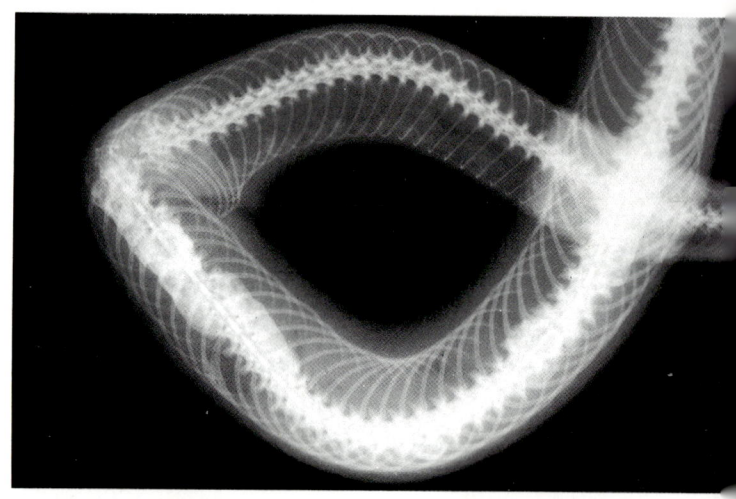

Die Röntgenaufnahme zeigt Knochenbrüche bei einer kleinen Schlange. Bei sofortiger medizinischer Hilfe können selbst so schwere Brüche wie diese erfolgversprechend behandelt werden. Foto: Dr. Fredric L. Frye

*Rechts: Vorbeugende Maßnahmen sind die einzigen "Medikamente", die ein Pfleger regelmäßig anwenden sollte. Offensichtlich gesunde Exemplare wie diese Regenbogenboa (*Epicrates cenchria*) sollten das oberste Ziel sein. Foto: B. Kahl*

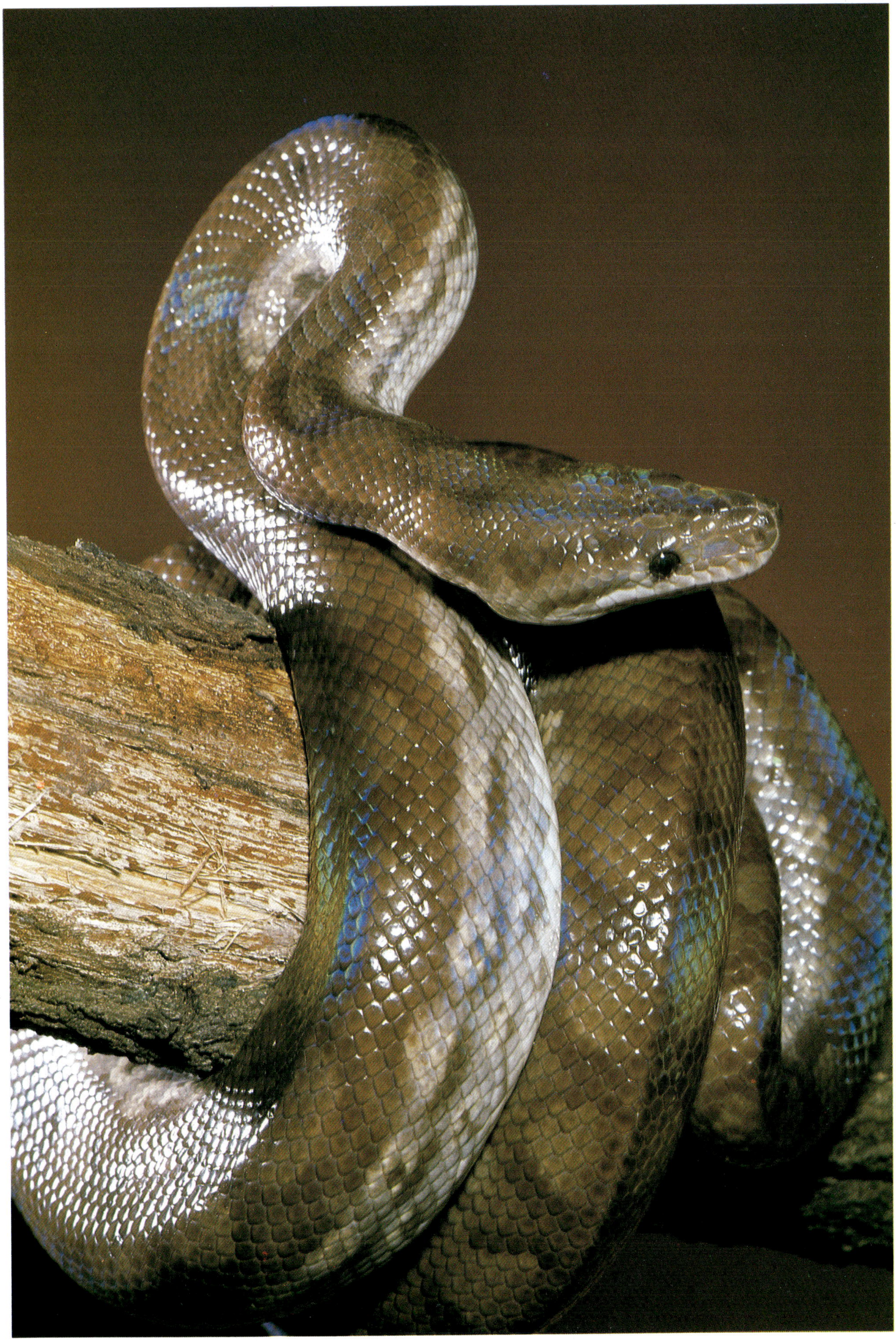

Gesundheitsprobleme

Der Gebrauch eines sandigen Substrates ist für viele Boas und Pythons wichtig, sollte aber gegen ein weicheres ausgetauscht werden, wenn Anzeichen von Blasenbildung bei einem Tier auftreten. Foto einer Epicrates chrysogaster chrysogaster (Gestreifte Phase) von R.D. Bartlett.

ein Übergreifen der Bakterien auf andere Schlangen zu verhindern. Im Folgenden ein Beispiel zur Behandlung dieser Infektion an einem unserer Hundskopfschlinger (*Corallus caninus*). Das Tier befand sich nach der Einfuhr ins Land für lange Zeit unter zweifelhaften Bedingungen in Quarantäne. Es litt gleichermaßen unter Dehydrationserscheinungen wie auch an Maulfäule und stand dadurch unter extremem Streß. Unsere erste Maßnahme bestand darin, Elektrolytflüssigkeit anzubieten und eine ebenso vernünftige wie isolierte Unterbringung zu gewährleisten. Es wurde Wasserstoffsuperoxyd mit einem Wattestäbchen auf alle Flächen im und um das Maul aufgetragen, die bei näherer Betrachtung erhebliche Mengen einer käsigen Substanz aufwiesen. Natürlich reinigten wir diesen gesamten Bereich. Dann bemerkten wir, daß der Großteil der Zähne bereits ausgefallen waren, ohne zu wissen, daß diese nach Ausheilung der Infektion wieder nachwachsen würden. Der gesamte Maulinnenraum wurde mittels einer Pipette mit einer Sulfamethazin-Lösung behandelt. Das Maul wird danach nicht ausgespült, denn die Lösung vernichtet die Bakterienherde. Als nächstes verabreichten wir eine Lösung aus 125 mg Ampicillin mit 500 mg pulverisierter Ascorbinsäure in Elektrolytflüssigkeit über das Maul der Schlange. Die gesamte Behandlung wurde zweimal täglich über einen Zeitraum von sieben Tagen durchgeführt, wonach die Schlange wieder völlig hergestellt war. Aus Sicherheitsgründen wurde das Tier aber noch für eine weitere Woche unter Beobachtung gehalten. Wenn die Symptome während der ersten Behandlungswoche nicht abklingen, kann sie bis zu 14 Tagen fortgesetzt werden. Die Vermeidung von jeder Art von Streß ist ausgesprochen wichtig, weshalb auch kein Fütterungsversuch vor Abschluß der Behandlung

Gesundheitsprobleme

unternommen werden sollte. Ist die Schlange in einer so schlechten Verfassung, daß auf Futtergaben nicht verzichtet werden darf, kann püriertes Fleisch mit Multivitaminen, wie Fertigkost für Babys, über eine Pipette zusammen mit den Medikamenten verabreicht werden. Alle drei bis fünf Tage wäre ausreichend.

Blasenbildung: Bläschenausschlag könnte ein Resultat von zu feuchter Haltung in Verbindung mit Schimmel oder Bakterienherden sein. Unsauberes Bodensubstrat ist der ideale Nährboden für Bakterien. Normalerweise treten die Bläschen an den Bauchschuppen (Ventralia) der Schlange auf, sind mit Eiter gefüllt und können so schlimm werden, daß sich Abszesse (Geschwüre) bilden und die Schuppen, sowie die darunterbefindliche Haut, nekrotisch (brandig) werden. Eine an Bläschenausschlag erkrankte Schlange zeigt die normalen Streßanzeichen, verweigert das Futter, wirkt erregt und verkrampft. Bei Nichtbehandlung kann sich die Krankheit auf die Nasen-, Maul- und Analregionen ausbreiten und letztlich zum Tode führen. Wir behandelten eine solche Erkrankung erfolgreich auf folgende Weise an einem Grünen Baumpython (*Chondropython viridis*). Unser trächtiges Weibchen hielt sich über lange Zeit in einer Eiablagekiste auf, deren Bodensubstrat aus viel grünem Moos bestand. Die damit verbundene Feuchtigkeit verursachte die Bildung von Bläschen auf den Bauchschuppen des Tieres. Der erste Teil der Behandlung bestand aus Entfernen dieses Substrates und einer gründlichen Reinigung des gesamten Terrariums. Das Substrat wurde durch weiße baumwollene Sanitätstücher ersetzt. Temperatur und Feuchtigkeit im Becken wurden genau überwacht. Jedes einzelne Bläschen wurde vorsichtig mit einem feuchten Wattestäbchen an den Rändern aufgerieben. Nach Entfernen des Sekretes wurden sie mit 50%

*Eine gute Stelle zum Erkennen frühzeitiger Warnzeichen vieler Krankheiten ist das Schnauzenumfeld und der Maulinnenraum. Foto einer Königsboa (*Boa constrictor*) von Jim Merli*

verdünntem Wasserstoffsuperoxyd gereinigt. Die Reinigung schadet der Schlange nicht und ist wichtig für den Austrocknungsprozeß. Die befallenen Körperstellen wurden zusätzlich mit einer Lösung aus einem Teil Jodtinktur und vier Teilen sterilem Wasser bepinselt. Dann ließen wir diese Hautpartien gut trocknen. Für 14 Tage wurde das Prozedere täglich wiederholt, wodurch die Bläschen austrockneten und sich abschälten. Die Haut der Schlange wurde milchig, und am 21. Tag häutete sie sich. Nur einige kleine Hautflocken blieben an den befallenen Stellen haften. Futter wurde wieder angenommen, und etwa 30 Tage später folgte eine zweite Häutung. Zu diesem Zeitpunkt konnten die erkrankten Hautpartien als ausgeheilt betrachtet werden. Die inzwischen abgelegten Eier der Schlange erwiesen sich allerdings als nicht entwicklungsfähig. Wir glauben, der Grund dafür war eher der Infektions- als der Behandlungsstreß. Bei Nichtbehandlung hätten wir andererseits ein schönes Tier verloren, und dieser Verlust wäre ganz sicher größer gewesen.

Geschwüre: Diese resultieren aus traumatischen Verletzungen wie Verbrennungen, Biß- und anderen Wunden, wie auch durch Parasitenbefall. Die dadurch geschädigten Körperstellen entzünden sich und verhärten, die Infektion greift auf das Muskelgewebe und die inneren Organe über. Das Gewächs enthält verhärteten Eiter, der zur Heilung entfernt werden muß. Operative Eingriffe sind nur dann erforderlich, wenn das Geschwür sehr tief im Gewebe, oft bis in ein inneres Organ, verankert ist und sollten ausschließlich von einem erfahrenen Tierarzt vorgenommen werden. Die normale Behandlung erfordert einen Einschnitt und die Austrocknung des Abzesses. Anschließend wird die Wunde mit Wasserstoffsuperoxyd gründlich gereinigt. Das Auftragen von verdünnter Jodtinktur und einer antibiotischen Salbe darüber wird den Heilungsprozeß gleichfalls unterstützen. Wie bei allen Gesundheitsproblemen muß Streß durch Handhabung, grelles Licht und ähnliches vermieden werden. Wegen der Möglichkeit von Komplikationen muß das Tier unter Beobachtung stehen.

Augenerkrankungen: Bei dehydrierten und/oder unterernährten Schlangen platzen oft die Kapillargefäße der Augenmembrane und das Auge fällt ein. Eine erfolgversprechende Methode zur Behandlung dieses Zustandes ist, die Schlange mit Elektrolytlösungen und Wasser zu tränken. Das geschieht mit einer Pipette oder einem Röhrchen über das Maul. Die Behandlung der zugrundeliegenden Dehydration über einen Zeitraum von mindestens sieben Tagen, wird normalerweise eine Neubildung der kleinen Blutgefäße in der Membrane zur Folge haben.

Normale Häutung: Im Prinzip besteht ein Schlangenkörper aus hintereinander angeordneten Organen in einer zylindrischen Hülle. Die äußere Hautschicht wird abgelöst, derweil unter ihr eine neue Schicht heranwächst. Im Klartext, die Schlange entwächst ihrer Haut genau wie der Mensch, nur ist dieser Prozeß bei Schlangen viel auffälliger. Wenn die äußere Hautschicht abgestreift wird, nennt man diesen Vorgang Ecdyse oder einfach Häutung. Normalerweise gestaltet sich diese folgendermaßen: Bei einem normalen Häutungsvorgang entsteht eine neue oberste Hautschicht unter der existierenden alten. Die Grundfarbe der alten Haut verblaßt, wird jedoch nicht trocken. Die Augen sind durch eine transparente Schuppe geschützt, der Brille oder Cornealschuppe, welche ebenfalls zunächst unklar und dann bläulich weiß wird. Diese Opazität (Undurchsichtigkeit) schränkt die Sehfähigkeit der Schlange zunehmend ein, bis sie nahezu blind ist. Es ist unnötig zu erwähnen, daß die Schlange in dieser Zeit besonders verteidigungsbereit ist. Die Unfähigkeit nicht sehen zu können und gleichzeitig eine überaus empfindliche Haut zu haben, resultiert in einer gesteigerten Aggressivität, äußert sich aber ansonsten eher als Lethargie. In dieser Zeit ist das Risiko gebissen zu

Gesundheitsprobleme

Zeitweilig kann es aus unbekannten Gründen zu Flüssigkeitsansammlungen unter der "Brille" der Schlange kommen, die das Auge in eine unförmige Blase verwandeln. Bei korrekter Behandlung durch einen Tierarzt kann der Zustand in nur wenigen Tagen wieder behoben werden, ohne bleibende Schäden für das Tier zu hinterlassen. Gewöhnlich wird der Tierarzt die Flüssigkeit mit einer sehr feinen Pipette absaugen. Natürlich sollte ein Terrarianer eine solche Prozedur niemals selbst durchführen. Fotos: Dr. Fredric L. Frye

werden, für den Pfleger am größten. Diese Phase dauert zwischen sieben und zehn Tage, während denen die Futteraufnahme in der Regel verweigert wird. Möglicherweise würden Gefangenschaftsnachzuchten auch in dieser Zeit fressen, was aber nicht anzuraten ist, da eine Dehnung der neuen empfindlichen Haut den Häutungsprozeß behindern könnte. Das Verfüttern von lebenden Beutetieren während der Häutung ist besonders gefährlich. Wir konnten mehrere Fälle beobachten, in denen die Schlange die Beute zwar in Selbstverteidigung sofort tötete, sie dann aber nicht verschlang, was nicht nur eine Futterverschwendung sondern auch ein völlig nutzloses Unterfangen für die Schlange war. Das

Gesundheitsprobleme

Häutungsprobleme treten häufig bei Schlangen auf, die in einem Terrarium ohne Wassergefäß, Steine und/oder Äste gehalten werden. Alle diese Gegenstände stellen eine Häutungshilfe dar. Foto: Dr. Fredric L. Frye

Gefährliche daran ist natürlich die Tatsache, daß ein als Futter gedachtes Nagetier den Kampf gegen eine fast blinde Schlange gewinnen kann. Das Ergebnis einer solchen Auseinandersetzung muß hier wohl nicht eingehender beschrieben werden. Auch während der Häutung sollte die Schlange nicht gehandhabt, sondern in Ruhe gelassen werden. Das regelmäßige Besprühen der Terrarieninnenseiten mit lauwarmem Wasser ist zur Erhöhung der Luftfeuchte notwendig, da das Tier möglicherweise durch eine ebenfalls eingeschränkte Bewegungsfähigkeit in dieser Phase nicht ausreichend trinkt. Einige Schlangen liegen zum Aufweichen der Haut lange Zeit in ihrem Wassergefäß, was zu Unterkühlung oder feuchtigkeitsbedingtem Bläschenausschlag führen kann. Sie sollten deshalb genau beobachtet werden. Während des Häutungsvorganges reißt die alte Haut üblicherweise über der Nase und am Kinn auf und wird entlang des

Haben Boas oder Pythons Probleme beim Häuten, ist es nicht unangebracht, wenn der Pfleger nachhilft. Größere Arten können in ein temperiertes Wasserbad gelegt werden, um dann die alte Haut mit der Hand abziehen zu können. Foto einer Candoia aspera von Paul Freed

Gesundheitsprobleme

Ein starker Ast, wie der, auf dem diese Bananen-Boa (Ungaliophis continentalis) liegt, sollte in jedem Baumschlangenterrarium vorhanden sein. Schlangen benötigen rauhe Oberflächen, um eine einwandfreie Häutung durchführen zu können. Foto: Roberta Kayne

Körpers durch Reiben gegen Steine, Äste oder andere geeignete Gegenstände abgelöst. Dann "kriecht" die Schlange, Kopf voraus, aus der Hauthülle heraus und dreht diese dabei um. Normalerweise bleibt die alte Haut dabei komplett in einem Stück erhalten. Ein schnell wachsendes Jungtier vollzieht diese Prozedur viel öfter als ein Alttier, aber auch das ist von einer Schlange zur anderen unterschiedlich.

Häutungsprobleme

Probleme bei der Häutung treten auf, wenn die Haut in Fetzen oder Streifen abgestreift wird oder wenn die Augenschuppen oder Analschilder sich nicht von der neuen Haut lösen. Die hauptsächlichen Gründe für eine unvollständige Häutung sind Dehydration, ein Mangel an UV-Strahlung, Hautverletzungen oder -erkrankungen und falsche Haltung.

Unvollständige Häutung der Augen: Die "Brille" ist die kritischste Stelle im Häutungsprozeß. Es bedeutet den reinen Streß für eine Schlange, ihre Beute oder Umgebung nicht richtig erkennen zu können. Wir hörten von Fällen, wo die "Brille" bei sechs oder sieben Häutungen nicht mitgehäutet wurde. Das zieht natürlich eine ganze Reihe von Problemen nach sich, wovon das bedeutendste die langsame Zerstörung des Auges ist. Die Haut manuell vom Auge zu entfernen, ist ein sehr schwieriger Prozeß, weil die Augenhornhaut extrem empfindlich ist. Nachdem die Schlange für acht bis zwölf Stunden in warmen Wasser "eingeweicht" worden ist, wird ein Wattestäbchen mit sterilem Wasser befeuchtet, mit dessen Hilfe die Haut um die Augen vorsichtig gerieben und eingeweicht wird. Löst sie sich immer noch nicht, legt man warme Feuchtkompressen über die Augen. Hilft auch das nicht, kann man versuchen, die das Auge umgebende Haut mit Mineralöl einzureiben, um die Schuppe zu entfernen. Wenn alle Versuche scheitern, muß ein Tierarzt aufgesucht

Gesundheitsprobleme

werden; er kann die Augenschuppe mit einer Pinzette ablösen. Denken Sie immer daran, daß die Augenoberfläche direkt unter der Schuppe liegt; ein Amateur kann diese mit einer Pinzette schwer verletzen. In jedem Fall sollte eine Schlange mit Häutungsproblemen dieser Art einem Tierarzt vorgeführt werden, um nach Entfernung der Hautreste eine mögliche Beschädigung oder Infektion des Auges feststellen zu können.

Allgemein unvollständige Häutungen: Der Grund für die Notwendigkeit eines manuellen Eingriffs bei Häutungsproblemen ist der, daß vertrocknete Häutungsreste in Form von Fetzen, Streifen oder Bändern auf der neuen Haut zu Durchblutungsstörungen lebenswichtiger Körperteile führen können. Abgestorbene Hautreste können auch Reizungen und eine erhöhte Anfälligkeit für bakterielle Hauterkrankungen auslösen. Das Anfeuchten und Ablösen der Häutungsreste als Häutungshilfe sind die wichtigsten Komponenten der Behandlung. Das Wasserbad, in welchem die Schlange für acht bis zwölf Stunden "eingeweicht" wird, sollte eine Temperatur von 25 bis 27° C haben. Danach wird das Tier in Tuchlagen gebettet und von Kopf bis Schwanz sacht abgerieben. Hier ein Beispiel einer improvisierten Methode, die wir erfolgreich an einigen unserer Schlangen praktizierten; sie ist besonders für Giftschlangen und Jungtiere zu empfehlen. Geben Sie feuchtes grünes Moos sowie etwas Sphagnum zusammen mit der Schlange in einen Stoffsack, verschließen Sie ihn, und belassen Sie das Tier für sechs bis acht Stunden dort. Der Sack bietet eine Reibungsfläche, Feuchtigkeit und Sicherheit. Da Stoff atmungsfähig ist, wird die Gefahr von hautangreifender Nässe ausgeschaltet. Wenn die Schlange durch das Moos schlängelt, bekommt sie genügend Feuchtigkeit und Reibungsfläche, um die trockene Haut abzustreifen. Wird das Tier dem Sack entnommen, ist es von den Häutungsresten befreit. In vielen Fällen lösen sich so auch alte Augenschuppen und Analschilder ab. Wir haben diese Methode auch bei Jungtieren eingesetzt, bei denen die Gefahr des Ertrinkens in einem Wasserbad sehr groß ist. Ebenso hervorragende Ergebnisse erzielten wir auf diese Weise bei Adulti der Gattungen Python und Corallus. Das Verfahren eignet sich auch sehr gut für Giftschlangen und streßanfällige Reptilien, da es gleichermaßen Sicherheit für Pfleger und Tier bietet. In den meisten Fällen können Häutungsprobleme durch eine konstant artgerechte Luftfeuchte und ausreichende UV-Bestrahlung verhindert werden. Verletzungen wie Blasen, Brandwunden und Bisse, die für geheilt gehalten werden, können immer noch

Eine Schlange sieht nach einer vollständigen Häutung am schönsten aus. Foto eines Timor-Pythons (Python timorensis) von R.D. Bartlett

Gesundheitsprobleme

Narben können manchmal der Grund für Häutungsprobleme sein und einen der oben genannten Eingriffe erforderlich machen. Es ist sehr wichtig, Häutungshilfen in Form von Steinen etc. und ähnlichem anzubieten.

Parasiten

Innenparasiten: Bandwürmer und Rundwürmer sind häufig auftretende Innenparasiten, die sich im Verdauungstrakt festsetzen. Die meisten Boas und Pythons werden mit ganzen, unausgeweideten Futtertieren ernährt, welche ohne weiteres mit diesen Parasiten infiziert sein können. Wildfänge oder auch Gefangenschaftsnachzuchten, die regelmäßig mit lebender Beute gefüttert werden, sind dafür natürlich anfälliger als solche, die mit totem Futter versorgt werden, obwohl auch tote Futtertiere Überträger sein können. Es ist sehr anzuraten, bei neu erworbenen Wildfängen eine mikroskopische Kotuntersuchung (von einem Tierarzt) auf Parasitenbefall vornehmen zu lassen. Besonderes Augenmerk sollte dabei auf Bandwürmer und einige Rundwurm-Arten gerichtet werden. Bis zum Ergebnis der Untersuchung muß die Schlange von anderen isoliert werden, da gerade bei diesen Parasiten die Übertragungsgefahr sehr groß ist. Bei allen Schlangen mit den folgenden Anzeichen und Symptomen sollte eine Kotuntersuchung und Isolierung durchgeführt werden: Erbrechen, Durchfall, Dehydration, Aufgeblähtheit, Ausgezehrtheit, auffallend ungewöhnliches Verhalten wie auf der Seite oder dem Rücken Liegen oder auch Anzeichen

zu unvollständiger Häutung an den speziellen Körperstellen führen. Allerdings werden diese meistens bei der nächsten Häutung sauber mitgehäutet, nachdem die Verletzung wirklich vollständig verheilt ist. Auch

Gesundheitsprobleme

Diese Abbildung soll einen Eindruck vermitteln, wie lang ein Bandwurm sein kann. Man stelle sich vor, welchen Schaden dieser in einer Schlange anrichten kann. Foto: Paul Freed

von extremem Streß. Befallene Schlangen fressen oft sehr schnell, erbrechen das Futter aber innerhalb der nächsten 24 Stunden wieder. Die Bekämpfung dieser Parasiten besteht aus zwei wichtigen Punkten. Erstens müssen die allgemeinen Haltungsbedingungen der Schlange optimiert werden, denn Infektionen führen zu Ausmergelung und Dehydration und damit zu einer rapide zunehmenden Schwächung des Tieres. Strengste Ruhe ist auch hier ein Hauptpunkt für eine erfolgreiche Behandlung, und die Schlange muß vor jeglicher Art von Streß wie Geräuschen, grellem Licht, Handhabung etc. geschützt werden. Zur Begegnung der Dehydration werden Elektrolytlösungen oral (über das Maul) verabreicht. Zweitens sollten nach der Identifikation des/der Parasiten Wurmmittel und andere Medikamente von einem Tierarzt verordnet werden. Die zu verabreichenden Mengen richten sich nach Gewicht und Allgemeinzustand des Tieres. Die Dosierungsvorschriften sollten strikt eingehalten und durch zusätzliche Elektrolytlösungen und Vitamingaben unterstützt werden. Viele Pfleger befürworten den Gebrauch von Breitbandwurmmitteln, wie sie für Hunde oder Katzen erhältlich sind, verabreichen aber

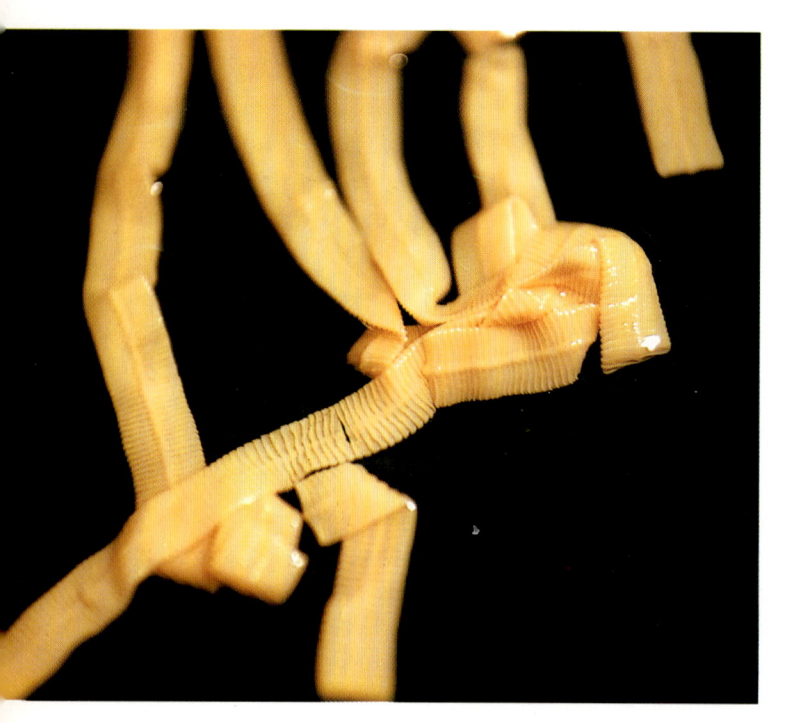

Bandwürmer bestehen eigentlich aus Dutzenden kleiner Segmente, die abbrechen können und unabhängig weiterwachsen. Das abgebildete Exemplar wurde aus einer Grünen Anakonda (Eunectes murinus) entfernt. Foto: William B. Allen

Gesundheitsprobleme

aus Wirksamkeitsgründen höhere Dosierungen. Das birgt allerdings das Risiko einer Unverträglichkeit für eine Schlange sowie einer eventuell nicht ausreichenden Wirksamkeit gegen gerade diesen speziellen Parasiten.

Außenparasiten: Das häufigste Gesundheitsproblem bei Reptilien sind Außenparasiten wie Milben und Zecken. Diese treten zwar meistens im Freiland auf, bilden aber auch in Behausungen ihre Kolonien. Fußbodendielen, feuchte oder staubige Ecken, Abstellräume, Risse und Spalten in Holz und jeder andere dunkle feuchte Lebensraum können eine Brutstätte dieser Organismen sein. Alle Gegenstände, die in das Terrarium eingebracht werden, ob Steine, Holzäste, Bodensubstrat, Pflanzen oder auch jede Spalte in der tragenden Struktur des Terrariums selbst können solche Brutstätten beherbergen. Milben und Zecken lieben Reptilien denn die Schuppen bieten ihnen einen ideal geschützten Platz zum Wachsen, während sie sich vom Blut ihres Wirtes ernähren. Milben und Zecken sind bei Schlangen am häufigsten unter den großen Bauchschuppen, den Kinnschuppen und in der Gegend der Lippenschilder und Nostrile (Nasenöffnungen) zu finden. Man kann sie ebenfalls an den Augenhöhlen und -öffnungen, sowie in den Grubenorganen entdecken. Milben zeigen sich als sehr kleine schwarze Punkte; Zecken sind viel größer und normalerweise rot oder braun. Milben sind nocturnal (nachtaktiv) und können am besten nachts entdeckt werden, wenn sie auf dem Schlangenkörper umherziehen. Sie stören nicht nur das Wohlbefinden der Schlange, sondern verursachen erhebliche Schäden an den Schuppen mit nachfolgender Narbenbildung und Blutungen im Hautgewebe. Eine von Milben oder Zecken befallene Schlange ist unruhig oder nervös, kann Zuckungen oder Krämpfe zeigen und begibt sich fortwährend in ihr Wassergefäß, um sich von den Plagegeistern zu befreien. Werden diese

Das Entfernen einer Zecke kann eine recht knifflige Angelegenheit sein. Es gibt Lanzetten für eine sicherere Anwendung, als das hier gezeigte Messer. Foto: William B. Allen, Jr.

Parasiten am Kopf entdeckt, kann man beobachten, daß die Schlange ihre Schnauze, Augen und Maul an Gegenständen reibt. Bei schwerem Befall werden deutliche Streßanzeichen erkennbar, und Futterverweigerung ist letztlich das Ergebnis. Milben (auch Zecken, aber seltener) verbreiten sich rasend schnell von einem Terrarium zum nächsten, weshalb eine schnellstmögliche effektive Behandlung des Ursprungs und aller anderen Terrarien erforderlich ist.

Zecken können an allen möglichen Plätzen auftreten und sollten umgehend entfernt werden. Foto: Dr. Fredric L. Frye

Gesundheitsprobleme

Hier wird ein sehr gesundes Exemplar der Gummiboa (Charina bottae) gezeigt. Beachten Sie die sauberen Schuppen und die kräftige Farbe. Foto: Ken Lucas, "Steinhart Aquarium".

Die am häufigsten empfohlene Behandlungsmethode ist, das befallene Tier für 12 Stunden in ein Wasserbad bei 20 bis 24°C zu legen. Gewöhnlich ertrinken die Milben dabei und sinken auf den Boden das Gefäßes. Danach muß das Bodensubstrat ausgetauscht und das gesamte Terrarium mit allen Einrichtungsgegenständen desinfiziert werden. Der Nachteil dieser Methode ist, daß eventuell einige Milben überleben, indem sie sich auf den Rücken der schwimmenden Schlange flüchten. Also werden längst nicht alle Milben durch dieses Verfahren getötet und auch nicht die Milbeneier. Letztendlich kann das lange "Einweichen" der Schlange auch wieder zu Hautproblemen führen. Wir haben eine, wie wir meinen erfolgreiche, wenn auch kontroverse Ersatzmethode zur Bekämpfung dieser Parasiten entwickelt. Wir plazieren die Schlange

Gesundheitsprobleme

in einem völlig trockenen Behälter oder einer Papiertüte, die mit etwa zwei bis drei Eßlöffeln Garten-Karbolineum eingestäubt ist. Der "Patient" verbleibt in diesem Behältnis für 24 Stunden, wonach die Pulverreste abgespült werden. Dabei darf die Schlange auf gar keinen Fall trinken, weshalb Kopf und Maul beim Spülen geschützt werden so daß sie nicht mit dem Wasser in Berührung kommen können. Das Terrarium muß ebenfalls gründlich gereinigt werden. In der Regel häutet sich die Schlange sieben bis zehn Tage nach dieser Behandlung. Eine Lektion, die wir erst lernen mußten, war, daß es ungeheuer wichtig ist, Boden, Wände und andere Stellen (wie Fußbodendielen) gründlichst zu reinigen, um einen Wiederbefall zu verhindern. Wenn möglich, sollte der gesamte Schlangenbestand, wenigstens aber die Tiere aus den benachbarten Terrarien zur selben Zeit behandelt werden. Andernfalls könnte es damit enden, daß die Parasiten lediglich von einem Terrarium in des nächste übersiedeln, und damit hat man nur wenig erreicht. Unsere "Bestäubungsmethode" vernichtet die Parasiten wie auch deren Eier bevor sie flüchten können. Natürlich ist dieses Verfahren für Jungschlangen zu gefährlich, weshalb wir bei ihnen die Wasserbad-Methode anwenden. Aufgrund aller mit diesen Behandlungen verbundenen Schwierigkeiten ist es natürlich das beste, ihrer Notwendigkeit von vornherein vorzubeugen. Der Gebrauch von sterilem Substrat und das Desinfizieren aller Gegenstände im Terrarium ist am wirkungsvollsten. Jede neu erworbene Schlange sollte anfangs generell in Quarantäne gehalten und wenn nötig sofort behandelt werden. Der Terrarienraum sollte frei von Unrat sein, und Wände wie Fußboden müssen regelmäßig von Staub befreit und gesäubert werden. Befinden sich auch Felltiere im Haus sollten diese, mit für sie speziellen Floh- und Zeckenmitteln, behandelt werden. Einige Pfleger bevorzugen die Anwendung von "Insektenstrips" in der direkten Umgebung der Terrarien. Diese

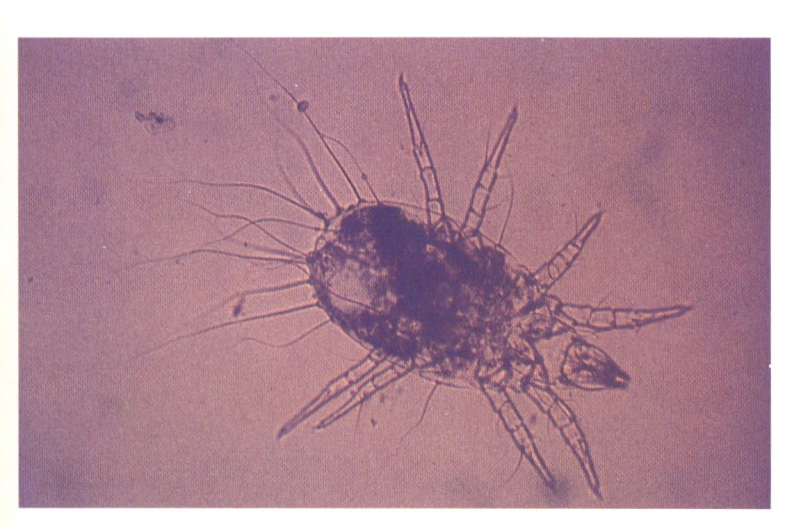

Gesundheitsprobleme

Milben sind überall in Haus und Wohnung anzutreffen, z.B. unter Bodendielen, auf Dachböden und Abstellkellern und können diese Plätze verlassen, um sich auf einer Schlange niederzulassen.
Foto: Dr. Fredric L. Frye

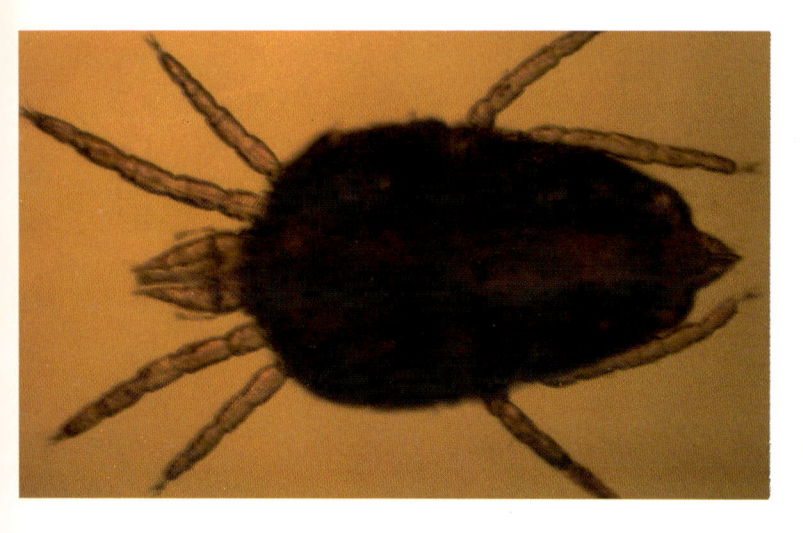

Manchmal wird eine Milbenkolonie für längere Zeit unentdeckt bleiben, da sich diese Parasiten in Bodensubstraten wie Sägespänen und in Rindenspalten verstecken und vermehren.
Foto: Dr. Fredric L. Frye

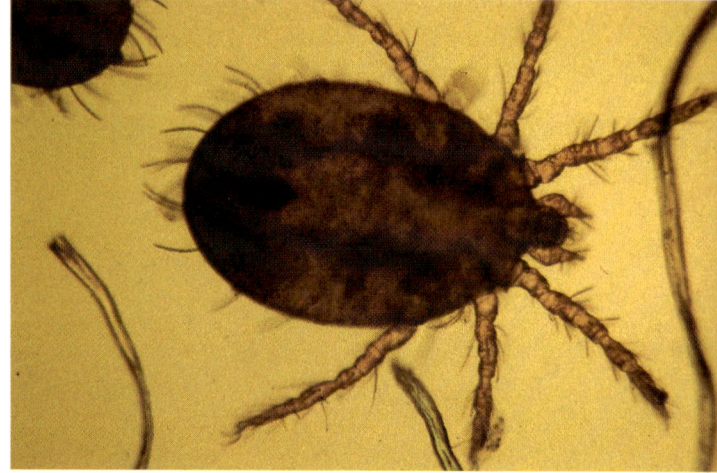

Milben verstecken sich oft so gut auf einem Tier, daß sie erst bemerkt werden, wenn das Problem bereits außer Kontrolle geraten ist und sich schwere Schäden zeigen.
Foto: Dr. Fredric L. Frye

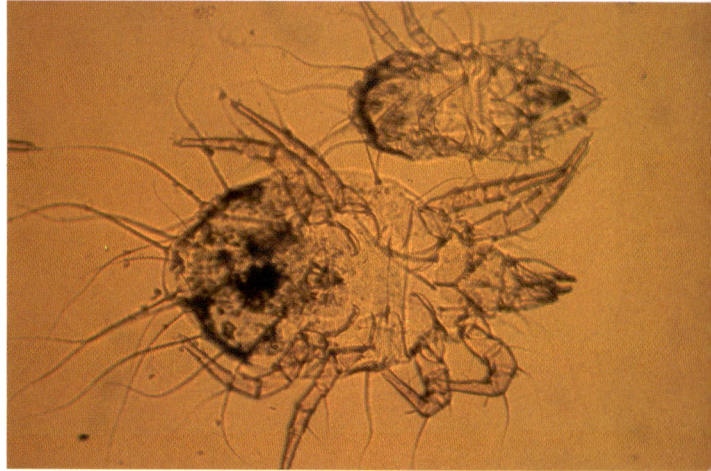

Ein Pfleger sollte seine Schlangen, wenigstens alle zwei Wochen, auf Anzeichen von Parasitenbefall untersuchen.
Foto: Dr. Fredric L. Frye

"Strips", oftmals klebrig, locken Fliegen, Flöhe und ähnliches an. Vorsicht ist beim Gebrauch im Terrarium angeraten, da auch die ohne Schädlingsbekämpfungsmittel in einem feuchten, geschlossenen Behälter Gifte freisetzen können.

Gesundheitsprobleme

Gesundheitliche Probleme bei der Zucht

Verletzungen bei der Paarung: In großen Gemeinschaftsterrarien, wo mehrere Boa- oder Pythonpärchen, oder auch nur zwei Männchen, zusammengehalten werden, kann es zu verschiedenen Verletzungen kommen. Einige Boa- und Python-Arten vollführen einen Paarungstanz (Kommentkampf), in dem die Männchen um das Paarungsvorrecht mit dem oder den favorisierten Weibchen kämpfen. Dabei kann es zu Bißverletzungen unter den Männchen, aber auch zu viel ernsthafteren Verletzungen, wie Rißwunden durch die scharfen Aftersporne (auch Knochensporne genannt), kommen, die sich an beiden Seiten der Kloakenöffnung befinden. Zu dieser Art von Verletzung kann es auch bei einem Paarungsversuch kommen, wenn das Weibchen nicht paarungswillig ist, weshalb derartige Aktivitäten aufmerksam beobachtet werden sollten. Spornverletzungen sind jedoch häufiger zwischen Männchen festzustellen und

Vorsicht ist bei der Handhabung jeder Schlange geboten, denn Zecken oder Milben können auch Menschen befallen. Foto eines Python boeleni von K.H. Switak

*Piniennadeln mögen ein attraktives Substrat darstellen, bilden aber gleichzeitig eine ideale Brutstätte für Milben und Zecken.
Foto einer Wüsten-Rosenboa (Lichanura trivirgata gracia) von R.D. Bartlett*

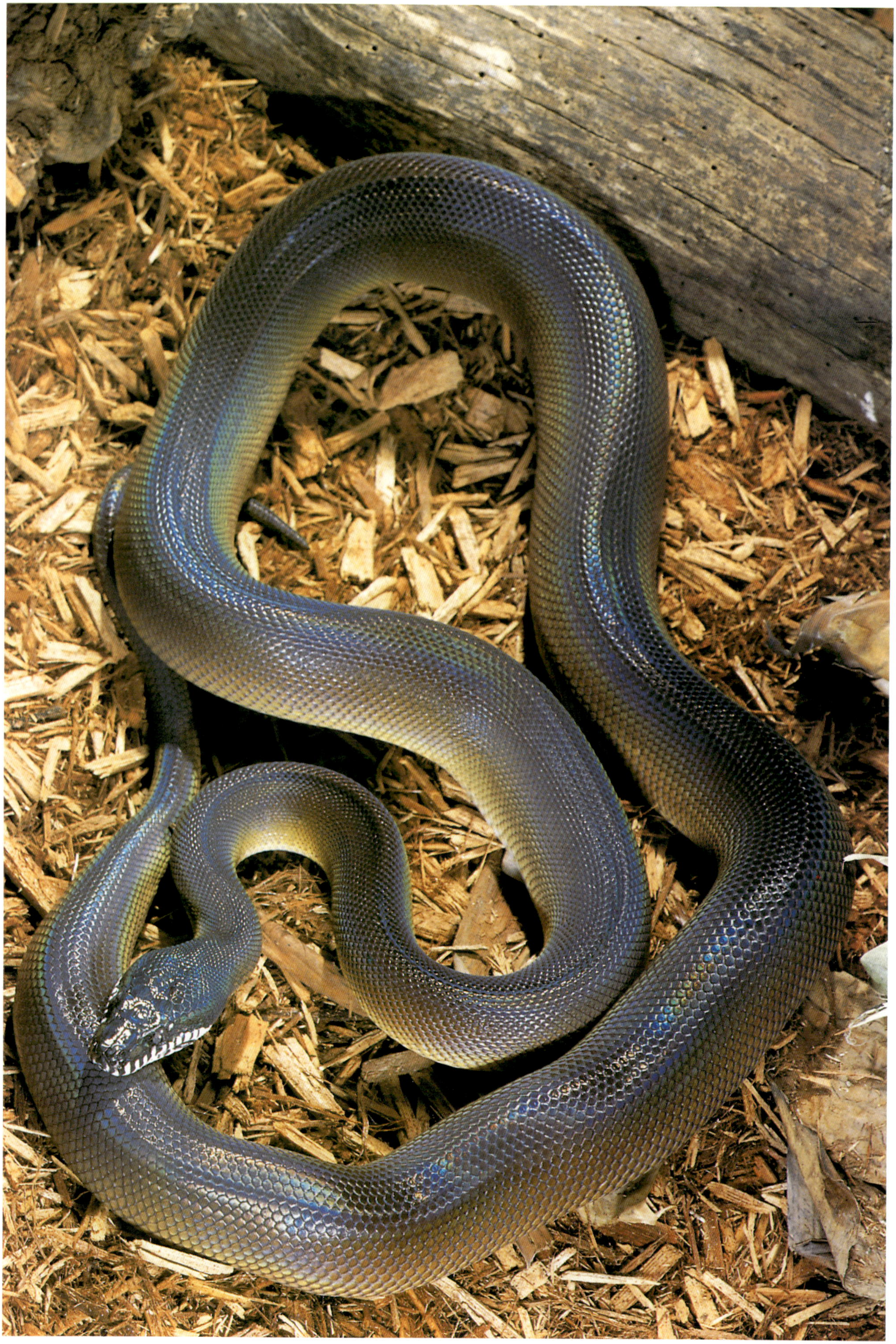

Gesundheitsprobleme

können großen Schaden anrichten. Um das zu verhindern, ist es notwendig, die Geschlechter der Tiere genau zu bestimmen und geschlechtsreife Männchen getrennt zu halten, denn Kämpfe zwischen ihnen können auch beobachtet werden, wenn kein Weibchen in der Nähe ist. In einem Gemeinschaftsterrarium müssen Paarungsaktivitäten vom Pfleger genauestens beobachtet werden, damit er die kämpfenden Männchen sofort separieren und so Verletzungen vermeiden kann. Zum Beispiel wurden mehrere Paare von Cooks Gartenboa (Corallus enydris cooki) zusammen in einem großen Terrarium gehalten, wo sie auf ganz natürliche Weise ihren Paarungsaktivitäten nachgehen konnten. Dabei passierte es, daß sich zwei Männchen auf den Boden begaben und sich umeinanderzuschlingen begannen. Das Ganze war einem Paarungsversuch sehr ähnlich, ging aber sehr schnell in einen Kommentkampf über. Die scharfen Aftersporne verursachten Fleischwunden überall dort, wo Unterseiten der beiden Tiere aufeinander trafen; gebissen und gefaucht wurde ebenfalls. Die Weibchen blieben währenddessen auf den unteren Ästen, wirkten aber durchaus interessiert. Ein Männchen dominierte schließlich indem es seinen Gegner auf den Boden drückte und ihn dort für kurze Zeit festhielt. Dann ließ es von ihm ab, kletterte zurück in die Äste und schritt zur Paarung mit dem Weibchen. Wegen der Heftigkeit des Kampfes und dem Interesse der anderen Schlangen war es uns nicht möglich, die Kontrahenten vor Beendigung ihres Kampfes zu trennen. Anschließend wurden beide Männchen auf andere Verletzungen untersucht und die Fleischwunden und Bißverletzungen gründlich behandelt. Nach diesem Vorfall wurden die beiden Tiere nur noch getrennt gehalten. Wir hörten sogar von einem Fall, wo die Fleischwunden so schwerwiegend waren, daß sie mit insgesamt 40 Stichen genäht werden mußten.

Viele Verletzungen können das Ergebnis von Paarungsaktivitäten wie dem Kommentkampf der Männchen sein oder durch die Aftersporne verursacht werden. Deshalb sollten die Schlangen während dieser Zeit besonders sorgfältig kontrolliert werden. Foto eines Weißlippenpythons (Liasis albertisii) von Jim Merli

Trächtige Schlangen sind, das muß man akzeptieren, besonders anfällig für Gesundheitsprobleme und sollten nur in unvermeidlichen Situationen gehandhabt werden. Foto einer trächtigen Wüsten-Rosenboa (Lichanura trivirgata gracia) von K.H. Switak

Die meisten Boas und Pythons sind willige Fresser, jedoch muß der Pfleger die Futtermengen kontrollieren, da seine Tiere sonst unter Fettleibigkeit leiden werden. Foto eines Weißlippenpythons.

Gesundheitsprobleme

Legenot: Während der Ovulation geraten Schlangen oft unter Streß und/oder ermüden, speziell wenn die Eier größer als normal sind oder sich verdreht im Ovidukt (Eileiter) befinden. Die Ermüdung verringert die Stärke der Presswehen, und die Eier verbleiben im Körper. Ein ungelegtes Ei kann schwerwiegende Komplikationen, wie das Verrotten des Eies und bakterielle Entzündungen des Eileiters auslösen, wenn es nicht umgehend entfernt wird. Eine Schlange mit ungelegten Eiern im Körper hat ober- und unterhalb der Eier einen ganz normalen Körperumfang, ist aber direkt über dem Analspalt, da wo sich die Eier befinden, extrem dick. Legehilfe muß geleistet werden! Und dazu gibt es zwei Möglichkeiten. Erstens, die Eier werden durch leichtes Massieren der besagten Körperpartie in Richtung Analspalt bewegt, welches die am häufigsten angewandte Methode ist, oder zweitens, die Analöffnung wird mit einem Gleitmittel auf Wasserbasis oder antibiotischer Salbe eingerieben und mit Hilfe einer Pipette wird ein leichter Sog erzeugt. Dieser Vorgang wird durch die zuvor beschriebene Massage unterstützt. Führt diese Behandlung nicht zur Ablage der Eier, muß ein Tierarzt aufgesucht werden, denn es könnte ein operativer Eingriff erforderlich sein. Wegen der eventuell auftretenden Komplikationen durch Streß muß die Schlange gut beobachtet, ausreichend mit Feuchtigkeit versorgt und, bei Bedarf, gefüttert werden. Sie benötigt Ruhe und aufmerksame Pflege.

Andere Gesundheitsprobleme

Verfettung: Fettleibigkeit entsteht durch Überfütterung. Ein übereifriger Pfleger, der seine Schlangen überfüttert, um deren Wachstum zu beschleunigen, beschwört Probleme geradezu herauf. Jede Schlange hat einen individuellen Stoffwechsel, und wenn mehr Futter verabreicht wird, als der Körper verarbeiten kann, wird der Überschuß als Fett in den Muskeln, im Bindegewebe sowie in der Leber und den Blutgefäßen abgelagert. Übergewicht führt zu Bewegungsunlust, also zum Gegenteil von dem, was die Schlange braucht; Bewegung ist sehr wichtig und fördert den Verbrauch von Kalorien. Weitere Folgen von Fettleibigkeit sind Überlastung von Lunge und Herz, eine gestörte Verdauung und damit verbunden eine Störung der chemischen Balance im Körper. Betrachten wir es von einem anderen Standpunkt: Ein Pfleger, der seinen jungen Burma-Python (P. molurus bivit-tatus) zu dem Zweck über-füttert, damit das Tier in 12 Monaten

Gesundheitsprobleme

die gleiche Größe erreicht wie ein adultes Exemplar, hat nach diesen 12 Monaten nicht etwa ein geschlechtsreifes Zuchttier, sondern einfach nur ein sehr großes Jungtier.

Bei der Versorgung des Kopfes mit Cremes, Salben oder anderem, muß jeder unnötige Kontakt mit den Augen der Schlange vermieden werden. Sie gehören zu den empfindlichsten Stellen des Körpers. Foto eines Loxocemus bicolor von Roberta Kayne

Zucht im Terrarium

Paarung

In Gefangenschaft können Paarungen zu gleicher oder anderer Zeit wie in der Natur stattfinden. Viele Faktoren, wie der geographische Standort in Gefangenschaft, eine veränderte Photoperiode, die Umgebungsfeuchte, Temperaturschwankungen (oft zur Anregung der Paarung simuliert) und generelle Haltungsbedingungen können den Paarungszeitpunkt beeinflussen.

Temperaturschwankungen sind einer der wichtigsten Aspekte zur Paarungsstimulation und wirken sich positiv auf die Fruchtbarkeit aus. Alle Schlangen benötigen normalerweise zur Paarung eine vorausgehende, mindestens vierwöchige Temperaturabsenkung. Die Paare sollten getrennt werden, da die Männchen etwas niedrigere Temperaturen benötigen. Verlust des Appetites, der Färbung, erhöhte Reizbarkeit oder Lethargie als Reaktionen auf die Absenkung müssen eingehend beobachtet werden. Die Paarung sollte stattfinden, nachdem die Umgebungstemperatur für sieben Tage wieder angehoben und die Luftfeuchte durch Versprühen von lauwarmem Wasser erhöht worden ist. Auch alle anderen Lebensbedingungen im Terrarium müssen der

Ein schlüpfender Burma-Python (Python molurus bivittatus). Foto: B. Kahl

Zucht im Terrarium

Ein Pärchen Rauhschuppen-Sandboas (Eryx conicus) ist bei der Paarung eng umeinander geschlungen. Foto: Jim Merli

entsprechen. Unser *Chondropython viridis* zu Beispiel paart sich mit Vorliebe nachts, unabhängig von jeder veränderten Photoperiode. Beste Ergebnisse kann man mit einem drei- bis fünf- tägigen Versuchsrhythmus erzielen, wonach die Paare wieder getrennt werden, allerdings bei gleichbleibender Temperatur. Dieser Rhythmus sollte für die Dauer der Paarungszeit eingehalten werden.

Sehr erfolgversprechend ist es, das Weibchen zum Männchen in dessen Terrarium zu setzen, da Männchen dominierend sind. Versteckplätze und Grabmöglichkeiten für verschiedene Arten müssen angeboten, jedoch so gestaltet werden, daß eine Beobachtung des Paares immer noch möglich ist. Zum Beispiel kann ein Schuhkarton so hingestellt werden, daß die Öffnung einsehbar ist, wodurch Ungestörtheit für die Tiere ebenso wie die Möglichkeit zur Beobachtung gewährleistet ist. Andere Grundvoraussetzungen für eine Paarung sind regelmäßige Fütterungen, extreme Sauberkeit in den Terrarien und sorgfältige Pflege der allgemeinen Gesundheit der Tiere. Für Zuchttiere in Gefangenschaft sind eine Anreicherung der Nahrung mit Vitamin D3 und UV-Licht unerläßliche, die Fruchtbarkeit beeinflussende Faktoren.

Man sollte selbstverständlich auf eine wirklich exakte Bestimmung der Geschlechter beim Zusammenstellen von Paaren achten, denn bei der Haltung von zwei Männchen zusammen können die vermeintlichen Paarungsaktivitäten als Kommentkampf mit Verletzungen enden.

Trächtigkeit und Zeitigung

Wie stellt man fest, ob eine Schlange trächtig ist? Die meisten Pfleger werden zustimmen, daß dies einer der schwierigsten Punkte in der Gefangenschaftszucht von Schlangen ist. Im Folgenden werden einige prinzipielle Möglichkeiten aufgeführt. Die erste und deutlichste ist eine Zunahme des Körperumfangs.

Zucht im Terrarium

Boa- und Python-Pfleger müssen durch gezieltes Benebeln Feucht-/Trocken-Perioden simulieren, die die Auslöser zur Produktion von Fortpflanzungshormonen und -instinkten sind. Foto: Jim Merli

*Unten:
Im Gegensatz zu den meisten anderen Reptilien können Pythoneier sehr groß sein - einige sogar größer als die von Zuchtgeflügel. Foto von Eiern eines Burma-Pythons (Python molurus bivittatus) von Jim Merli*

Diese ist erkennbar durch ventral und lateral größer werdende Schuppenabstände in den unteren und seitlichen Körperpartien. Zu bedenken ist, daß eine zunehmende Körperfülle ebenfalls ein Anzeichen für Verstopfung sein kann. Andere Merkmale für eine Trächtigkeit sind Verhaltensänderungen, wie ein gesteigerter oder auch sinkender Bewegungsdrang, Gereiztheit, Suche nach einem geeigneten Brutplatz, und, in einigen Fällen, extreme Abneigung gegen ein im gleichen Terrarium befindliches Männchen. Trächtige Weibchen können während der Tragzeit sowohl mehr als auch weniger Appetit entwickeln. Jedes einzelne Tier wird in trächtigem Zustand individuelle Eigenheiten zeigen, so daß es keinen hundertprozentigen Beweis für eine Trächtigkeit gibt, bis die Eiablage oder die Geburt stattgefunden hat.

Etwa eine Woche vor der Ablage oder Geburt häutet sich das Weibchen. Bei Einsetzen der Wehen ist es absolut erforderlich, daß ein steriles Nestmaterial zur

Zucht im Terrarium

Verfügung steht. Als Substrate für eine Geburt oder Eiablage und als Zeitigungsmaterial eignen sich Vermiculit und Sphagnum-Moos sehr gut. Unbefruchtete Eier und/oder Fehlgeburten treten oft bei Tieren auf, die durch falsche Handhabung, Temperaturen, Fütterungen oder allgemein ungeeignete Lebensbedingungen, stark gestreßt sind.

Python-Eier sind weiß und können, je nach Spezies, rund, oval oder langgestreckt sein. Ein unbefruchtetes Ei kann kleiner als normal sein, cremefarben mit gelblich braunen Flecken aussehen und sich ölig anfühlen. Bestehen Zweifel, ob die Eier befruchtet sind, sollten sie ganz normal gezeitigt und gut beobachtet werden. Manchmal werden befruchtete Eier in "Klumpen" abgelegt und kleben aneinander. Man sollte diese auf keinen Fall zu trennen versuchen, da dabei das Ei beschädigt werden könnte. Einige

Oben: Durch den großen Fortschritt in der heutigen Haltungstechnik sind heute auch so bestechende Einzelexemplare, wie diese hier gezeigte albinotische Königsboa (Boa constrictor), zu sehen.
Foto: W.P. Mara

Verschiedentlich zeigen Pythons ein für Schlangen recht ungewöhnliches Verhalten - sie bebrüten ihre Eier selbst. Foto einer Liasis perthensis von R.T. Hoser

Zucht im Terrarium

Züchter erlauben den Weibchen, ihre Eier auf natürliche Art selbst zu bebrüten. Das Weibchen legt dazu seinen Körper in Schlaufen um das Gelege und erhöht durch wie Krämpfe aussehende Muskelkontraktionen seine eigene Körpertemperatur. Mehrere Gründe sprechen allerdings gegen diese Brutmethode: die Schlupfrate ist teilweise niedriger, es ist schwieriger, in einem Behältnis für zwei unterschiedliche Ansprüche an Temperatur und Feuchtigkeit zu sorgen (die des Weibchens und die der Eier), und durch die verminderte Bewegungsfähigkeit des Weibchens können Bakterienerkrankungen und Wundstellen entstehen, die wiederum die Gesundheit des brüteten Tieres oder die Eier gefährden. Eine künstliche Erbrütung (Zeitigung) der Eier wird von vielen Züchtern bevorzugt. Auch dafür gibt es unterschiedliche Methoden. Ein gekaufter oder selbstgebauter, nicht durch Umluft beheizter Inkubator (Brutkasten), eignet sich am besten. Die meisten käuflich zu erwerbenden Inkubatoren bestehen aus einem Behälter, der mit Wasser gefüllt wird, welches über ein Thermostat erwärmt wird und dadurch die Eier ohne direkten Feuchtigkeitskontakt mit Wärme und Luftfeuchte umgibt. Um einen solchen Inkubator selbst zu bauen, benötigt man eine schwache Heizung, die unter und/oder um den Brutbehälter herumgelegt wird. Dieser Behälter sollte aus hitzebeständigem Plastik oder Glas sein und über eine Abdeckung verfügen, die das Entweichen der Luftfeuchte verhindert. Angefeuchtetes Vermiculit oder Sphagnum-Moos, in der Hand ausgepreßt, eignen sich als Zeitigungssubstrat für beide Arten von Inkubatoren sehr gut. Achten Sie auf den richtigen Umgang mit der Elektrik - Heizkabel oder -schlaufen erzeugen Hitze- die gewöhnliche Materialien schmelzen lassen oder anderweitig beschädigen.

Das Zeitigungssubstrat oder die Eier dürfen nie naß werden! Die Eier sollten, zusammen mit etwas Substrat der Ablagestelle, in der Handinnenfläche vorsichtig in den Inkubator überführt werden, wo sie auf dem Zeitigungsmaterial plaziert werden. Die ursprüngliche Lage der Eier darf nicht verändert werden, das heißt, Bewegen oder Drehen der Eier ist zu vermeiden. Es kann sein, daß manche Eier durch Feuchtigkeitsverlust einfallen, aber immer noch völlig in Ordnung sind. Um das zu verhindern, kann man mit den Fingern kleine Mulden in die Substratoberfläche drücken, in die man die Eier dann hineinlegt und sie ringsherum mit dem Substrat zudeckt, die Eioberseite aber unbedeckt läßt, damit der nötige Gasaustausch stattfinden kann. Die Substratfeuchte erzeugt Luftfeuchtig-

Man beachte die große Anzahl von Eiern, um welche sich dieses Burma-Python-Weibchen (Python molurus bivittatus) *gewickelt hat. Einige Arten sind für große Gelege bekannt, jedoch produzieren nur wenige zwischen vierzig und fünfzig Eier. Foto: B. Kahl*

Zucht im Terrarium

nach Ablauf der normalen Zeitigungsdauer nicht schlüpfen. Dafür kann es verschiedene Gründe geben: Streß durch wiederholte Entnahme der Eier zur Überprüfung, zu intensives Licht oder zu zeitiges Öffnen der Eier durch den Züchter. Das leichte Einritzen der Eioberfläche ist eine beliebte Methode bei vielen Züchtern und oftmals recht hilfreich, um den Jungtieren den Schlupf zu erleichtern. Normalerweise ist das jedoch nicht erforderlich, da gesunde Jungtiere gut dafür ausgestattet sind, diese Arbeit allein zu verrichten.

Auch wenn den eierlegenden Schlangen meist mehr Aufmerksamkeit gewidmet wird als den lebendgebärenden, so sind ihre Ansprüche doch sehr ähnlich. Bei lebendgebärenden Schlangen werden die Jungschlangen natürlich im Mutterleib erbrütet. Die benötigte Feuchtigkeit kann durch direktes Besprühen der Schlange oder des Substrates mit kleinen Mengen warmen Wassers, zwei bis dreimal täglich erreicht werden. Die erforderlichen Temperaturen können mit einer gedrosselten roten Heizlampe oder durch Erhöhung der gesamten

keit, die wiederum von den Eiern aufgenommen wird. Nochmals, das Substrat darf nicht naß sein, und die Eier dürfen nie angesprüht werden.

Es kann vorkommen, daß vollentwickelte Embryos

Zucht im Terrarium

Raumtemperatur geboten werden. Punktheizer, wie der "heiße Stein" und Heizmatten sind während der Tragzeit nicht zu empfehlen; durch den geringeren Bewegungsdrang des Weibchens kann es zu Blasenbildung oder gar Brandwunden kommen.

Jungtieraufzucht

Lebend geborene Schlangen kommen in einer Embryonalhülle zur Welt, aus der sie sich innerhalb einer Stunde befreien. In manchen Fällen kann diese Hülle beim Auffinden bereits ausgetrocknet und das Jungtier abgestorben erscheinen. Das muß aber nicht zwangsläufig so sein, und eine "Wiederbelebung" sollte einen Versuch Wert sein. Zum Beispiel gab es den Fall einer Mexikanischen Rosenboa (*Lichanura trivirgata trivirgata*), deren Jungtiere mit der Embryonalhülle für 30 bis 60 Minuten in ein flaches lauwarmes Wasserbad gelegt werden mußten, damit die noch lebenden Jungen ihre vertrockneten Hüllen verlassen konnten. Wann immer Jungtiere Probleme haben, ihr Ei oder ihre Embryonalhülle zu verlassen, ist die Erhöhung der Umgebungsfeuchte eine bessere Schlupfhilfe, als sie manuell aus der Umhüllung zu entfernen. Die Sicherheit des Jungtieres ist dabei der wichtigste Faktor. Es ist nicht notwendig, die Nabelschnur zu entfernen, da diese vertrocknet und dann sowieso abfällt.

Der nächste wichtige Punkt ist, den Bedürfnissen des Jungtieres nachzukommen, und das kann sehr zeitaufwendig sein. Das erste Futter wird zwei bis drei

Diese seltene Aufnahme zeigt das Neugeborene einer viviparen Art (in diesem Fall die Kuba-Boa [Epicrates angulifer]), beim Durchbrechen der sogenannten Eimembrane.
Foto: K.H. Switak.

Zucht im Terrarium

Tage nach der ersten Häutung angeboten. Während der ersten Lebenstage wird die Jungschlange immer noch vom Eidotter ernährt, welches es bis zur Geburt aufgenommen hat. Natürlich benötigen die Jungen auch Wasser, welches aber nur in einem flachen Gefäß mit einem Wasserstand nicht höher als 2,5 cm angeboten werden darf, damit die Gefahr des Ertrinkens gebannt ist. Die Haltungsbedingungen der Alttiere können auf die Jungtiere übertragen werden, nur muß man bedenken, daß die kleinen Schlangen durch mangelnde Vorsicht einer größeren Verletzungsgefahr ausgesetzt sind. So kann z.B. ein Spotheizer ernsthafte Verbrennungen verursachen, wenn die Jungschlange über längere Zeit darauf herumliegt, was ganz normal ist.

Jungschlangen akzeptieren gewöhnlich tote nackte Mäuse oder Ratten als Hauptnahrung, wenn die Größe des Futtertieres der des Jungtieres angepaßt ist. In manchen Fällen aber wird nur ganz spezielles Futter angenommen, und das ist dann der Punkt, wo sehr viel "Fingerspitzengefühl" nötig ist, um herauszufinden, wie man die Jungen zum Fressen bringt. Beispielsweise akzeptieren junge Hundskopfschlinger (Corallus caninus) und Grüne Baumboas (Chondropython viridis) oftmals nur nackte Mäuse, die vorher mit Hähncheneingeweiden eingerieben wurden. Das Einreiben von "Pinkies" mit anderen Tieren wie Vögeln oder Echsen stimuliert den Appetit und gewöhnt die Schlangen an den Geschmack von Nagetieren. Manchmal werden lebende Nager von den Jungschlangen bevorzugt, was letztlich auch zur Annahme von toten führt.

Zwangsfütterungen sollten nur dann in Erwägung gezogen werden, wenn das Futter permanent verweigert wird. Artgerechte Haltung, Sauberkeit und Ruhe, unterstützen normalerweise die Bereitschaft zur Futterannahme. Zwangsfütterungen sollten nur von Fachleuten, die mit erprobten Methoden vertraut sind, vorgenommen werden, denn unprofessionell durch-

Einige neugeborene Boas und Pythons gleichen ihren Eltern in jeder Weise, wogegen andere eine ausgeprägte "Jungtierzeichnung" aufweisen, die sich erst mit dem weiteren Wachstum verliert. Foto einer jungen Gartenboa (Rote Phase) (Corallus enydris enydris) von R.D. Bartlett

geführt, können Verletzungen oder sogar Todesfälle die Folge sein.

Überwinterung

Ob Schlangen eingewintert werden sollen oder nicht, ist eine große Streitfrage unter vielen Pflegern von Boas und Pythons. In der Natur werden Schlangen durch jahreszeitliche Wechsel von Temperatur und Feuchtigkeit beeinflußt, wie z.B. durch Monsun- oder Regenzeiten (in einigen Teilen der Welt). Normalerweise sind während der "Wintermonate" die

Zucht im Terrarium

Dieser junge Neuguinea-Zwergpython (Liasis boa) hat jetzt orangefarbene Ringe, aber beim Heranwachsen werden sich diese zu einem matten Braun umfärben. Foto: Paul Freed.

Wenngleich nicht geschlechtsreife Jungtiere keinesfalls züchten können, bevorzugen es viele Pfleger, auch ihnen eine winterähnliche Ruhepause zu geben. Das muß mit größter Vorsicht geschehen. Foto einer juvenilen Madagaskar-Boa (Sanzinia madagascariensis) von Paul Freed.

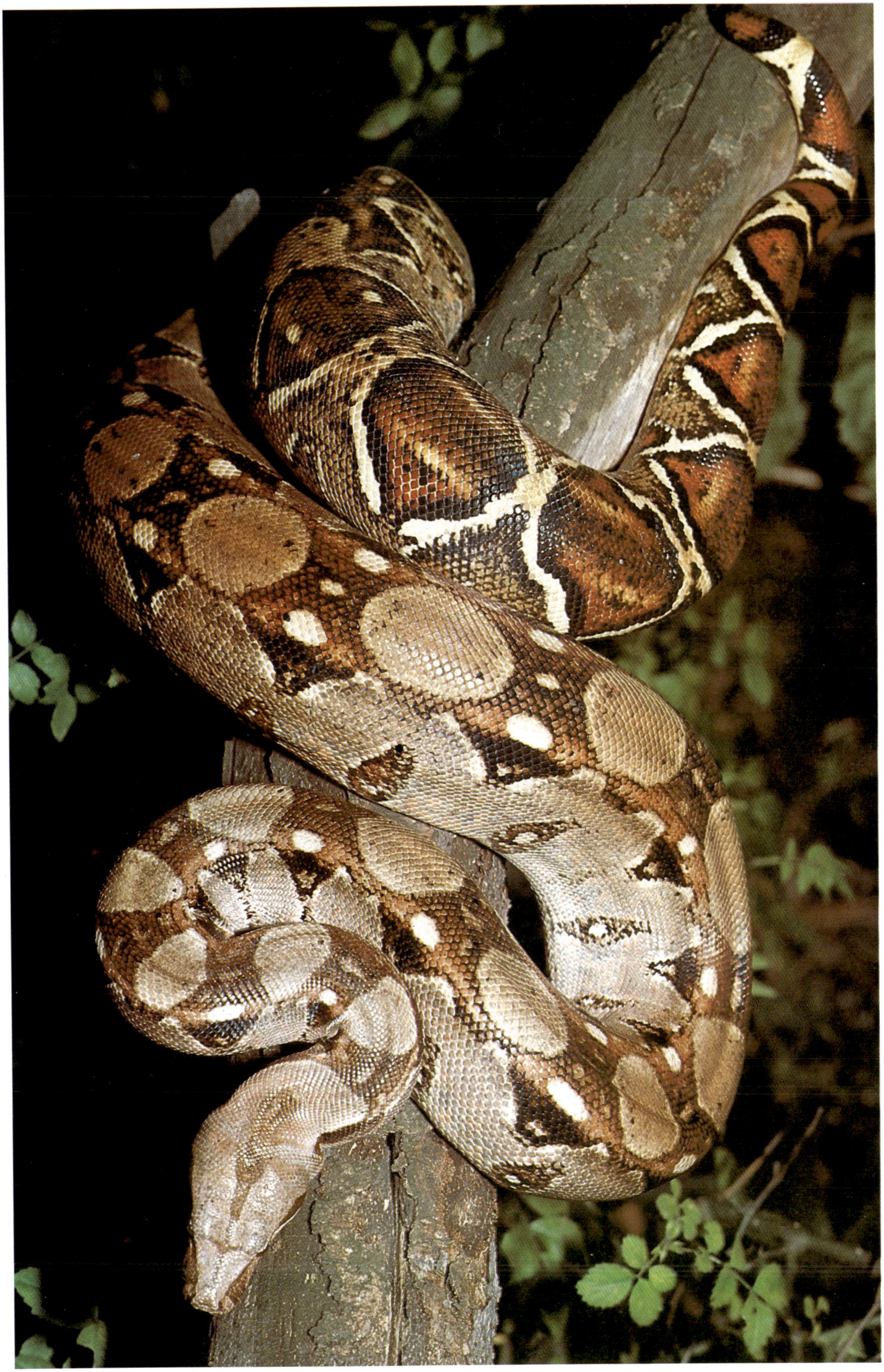

Zucht im Terrarium

Temperaturen niedriger und/oder die Tageslichtdauer kürzer. Das hängt wiederum vom Herkunftsland der Tiere ab. Paarungen finden gewöhnlich statt, wenn die Temperaturen wieder ansteigen (Frühjahr) und gelegentlich auch in der Regenzeit.

Da Schlangen zu den wechselwarmen Tieren gehören, was heißt, daß ihre Körpertemperatur von der Umgebungstemperatur bestimmt wird, ergibt sich die Frage, was passiert wenn es kalt wird. Ihr Stoffwechsel wird verlangsamt, die Aktivität läßt nach und sie "überwintern". Das ist ein normaler und wichtiger Vorgang für die Schlange - auch unter den kontrollierten Bedingungen einer Terrarienhaltung. So bekommt das Tier die Möglichkeit, sich von allen energieaufwändigen Tätigkeiten, wie dem Freßvorgang, auszuruhen und kann diese Zeit für weniger anstrengende Aktivitäten, wie zum Aufbau von Fortpflanzungszellen nutzen. Viele Schlangen haben Phasen, in denen sie nicht fressen wollen und inaktiv sind, während der Pfleger genau das Gegenteil erreichen möchte. In solch einer Situation ist es angeraten, das Tier einzuwintern (natürlich nicht, wenn es krank ist). Die Temperatur wird abgesenkt, um dem natürlichen Ruhebedürfnis zu entsprechen, zumal die Schlange sowieso nicht fressen will. Bei unterernährten Schlangen sollte mit der Einwinterung so lange gewartet werden, bis Futter, für einige Male, regelmäßig angenommen wurde. Wildfänge begeben sich von allein in die Winterruhe, wenn gemäß ihrem Herkunftsland der richtige Zeitpunkt dafür kommt. Er kann völlig unterschiedlich zu dem der einheimischen Schlangen sein. Gefangenschaftsnachzuchten überwintern, wenn sie kühl gehalten werden. Das kann durch Herabsenken der Temperaturen und Verkürzen der Beleuchtungsdauer provoziert werden. Die Temperaturabsenkung sollte sich kontinuierlich über zwei Wochen hinziehen, die Beleuchtungsdauer tagsüber wird verkürzt, so daß die Schlange den Eindruck der beginnenden Winterzeit mit kühlen kurzen Tagen vermittelt bekommt. Denken Sie daran, daß die allgemeine Raumtemperatur auch von anderen Heizern beeinflußt wird; was den Pfleger wärmt, wärmt auch die Schlange. Natürlich beeinflussen auch gegebenenfalls vorhandene Klimaanlagen die Raumtemperatur, sodaß die Umgebungstemperatur im Winter durchaus höher sein kann als im Sommer. Steht das Terrarium an einem Fenster, wird die Schlange durch den Tag/Nacht-Wechsel ihrer Außenwelt genauso beeinflußt, wie durch veränderte Feuchtigkeitswerte bei Regen. Hört sich das kompliziert an? Ist es auch, aber es ist auch ebenso wichtig, speziell wenn Sie mit Ihren Schlangen züchten wollen. Fortpflanzungszellen werden durch Hitze zerstört, was natürlich einen großen Einfluß auf die Fruchtbarkeit hat.

Seite 75: Boas und Pythons aus generell warmen Klimazonen, müssen nicht auf die übliche Weise "kalt eingewintert" werden, sondern sollten stattdessen nur eine Ruhephase bei reduzierten Temperaturen durchmachen. Foto einer Königsboa (Boa constrictor) von B. Kahl

Beliebte Arten

Die folgenden Seiten beschreiben in aller Kürze einige der beliebtesten und häufig nachgezogenen Boas und Pythons. Sie sollen dem "werdenden" Züchter die wichtigsten Informationen für eine erfolgreiche Zucht und Pflege der Jungtiere vermitteln.

Madagaskar-Boa
(Acrantophis dumerili)

Diese ansprechend hübsche, braun und lohbraun gefärbte Schlange aus den Regenwäldern Madagaskars und der Insel Reunion, kann vereinzelt eine Länge über 3 Meter erreichen. Paarungen (Kopulationen) finden von Oktober bis Januar statt. Nach einer Tragzeit von erstaunlichen 200 bis 250 Tagen, werden 7 bis 15 verhältnismäßig große, d.h. 40 bis 45 cm lange Jungschlangen geboren.

Wenn Sie die Madagaskar-Boa in Gefangenschaft züchten, ist es am günstigsten, die Männchen etwas kühler als die Weibchen zu halten (20 bis 24°C anstatt 27 bis 29° C); denken Sie daran, daß während der Paarung der Tiere absolute Ruhe gewährleistet sein muß. Die Neugeborenen sollten bei angemessenen 27° C gehalten und mit kleinen frischbefellten Mäusen gefüttert werden.

Nicht oft in Terrarien anzutreffen, aber trotzdem ein attraktiver und robuster Pflegling, ist die Madagaskar-Boa (Acrantophis dumerili) aus den Regenwäldern auf Reunion und Madagaskar. Foto: Ken Lucas, Steinhart Aquarium

Beliebte Arten

Nördliche Madagaskar-Boa
(Acrantophis madagascariensis)

Das ist die größte der beiden Acrantophis-Arten. Längen von über 3,6 Metern werden erreicht, und selbst die Jungtiere können schon über 60 cm groß sein.

Die Gefangenschaftsnachzucht von A. madagascariensis ist ein wirkliches Ereignis. Die bevorzugte Kopulationszeit liegt zwischen August und Dezember. Die Paare sollten bis dahin getrennt und bei leicht unterschiedlichen Temperaturen gehalten werden (Männchen 21 bis 24° C, Weibchen 27 bis 30° C). Es werden zwei bis sechs Jungtiere geboren, die ebenfalls eine Temperatur von 29° C benötigen und mit kleinen Mäusen gefüttert werden können. Im Tierhandel taucht *A. madagascariensis* nur hin und wieder auf, und es werden relativ hohe Preise gefordert.

Königsboa oder Abgottschlange
(Boa constrictor)

Die äußerst beliebte und im Tierhandel oft zu findende Königsboa, sowie auch alle ihrer vielen Unterarten, eignen sich bestens zur Zucht im Terrarium. Den Temperaturen im warmen Mexiko, Zentral- und Südamerika und den Kleinen Antillen angepaßt, benötigen die Zuchttiere etwa 27° C zur Vermehrung. Die Weibchen werden vor der Paarung bei relativ hohen Temperaturen zwischen 28 und 30° C gehalten (Männchen im Gegenteil dazu bei 20° C), haben eine Tragzeit von 150 bis 250 Tagen. Die Anzahl der geborenen Jungtiere kann zwischen 8 und 60 betragen; sie weisen eine respektable Größe von 35 bis 50 cm auf. Als Futter können junge, abgetötete Mäuse angeboten werden, und die Jungtiere sollten nicht in Terrarien mit viel Holzausstattung untergebracht sein (Späne, Splitter, usw.).

Beliebte Arten

*Die Königsboa (Boa constrictor) erfreut sich der längsten kommerziellen Beliebtheit aller Boiden. Und zu Recht - sie ist ein ausgesprochen empfehlenswerter Pflegling.
Foto: B. Kahl*

Beliebte Arten

Das obere Bild zeigt eine ausgefallene Zeichnungsvarietät der Königsboa, die untere ein normal gezeichnetes Exemplar. Fotos: John Coborn (oben) und Roberta Kayne

Beliebte Arten

Pazifik-Boa oder Neuguinea-Boa
(Candoia carinata)

Die Pazifik-Boa kommt von Neuguinea, den Salomonen, sowie den Tokelau Inseln. Sie ist mit nur 1,20 m Länge eine relativ kleine Boide, die sich von März bis Mai paart. In der Gefangenschaftshaltung sollten die angebotenen Temperaturen für das Weibchen etwa 10° C höher als für das Männchen, d.h. bei etwa 27° C, liegen und während der Tragzeit nochmals um 5° C erhöht werden. Nach 150 bis 200 Tagen bringt das Weibchen zwischen fünf und 20 Junge zur Welt, deren Körperlängen 15 bis 30 cm betragen können. Sie sollten ein ruhiges, warmes Terrarium mit vielen Versteckmöglichkeiten zur Verfügung haben und mit kleinen Mäusen ernährt werden. Andere Vertreter dieser Gattung können auf die gleiche Art gezüchtet werden.

Nordamerikanische Sandboa oder Gummiboa
(Charina bottae)

Sie ist eine der beiden einzigen Boa-Arten aus den Vereinigten Staaten. Diese schöne Schlange erreicht eine Gesamtlänge von 90 cm; Paarungen finden von Februar bis Mai statt. Die Weibchen haben eine Tragzeit von 100 bis 150 Tagen und bringen zwischen zwei und sechs kleine (13 bis 25 cm) Jungtiere zur Welt. Die Pflege der Jungschlangen entspricht grundlegend der der Alttiere: etwas weiches Bodensubstrat zum Graben, ein kühler, ruhiger Versteckplatz und natürlich der unerläßliche Wassernapf, Steine und anderes. Sie fressen Vögel wie auch Mäuse, wobei letztere natürlich vorzuziehen sind.

Eine der kleineren Boiden ist die Unterart der Pazifik-Boa (Candoia carinata paulsoni) die selten größer als 1,20 Meter wird. Foto: K.H. Switak

Beliebte Arten

Die Gummiboa (Charina bottae) ist eine der beiden Arten von Boiden, die in den Vereinigten Staaten beheimatet sind.
Foto: K.H. Switak

Hundskopfschlinger
(Corallus caninus)

Eine sehr beliebte, wenn auch etwas kostspieligere Schlangenart, ist der leicht in Gefangenschaft zu züchtende Hundskopfschlinger. Im nördlichen Südamerika beheimatet, benötigt er zur Zucht natürlich einen sehr warmen Lebensraum. Vor der Kopulation werden die Männchen ebenfalls etwas kühler als die Weibchen gehalten (bei etwa 20 bis 24° C, anstatt bei 27° C). Zur eigentlichen Paarung sollte die Temperatur dann etwas erhöht werden. Nach 200 bis 250 Tagen werden zwischen zwei und 15 Jungtiere geboren. Sie messen zwischen 40 und 48 cm und sollten mit Echsen oder kleinen Mäusen gefüttert werden. Ein hohes, feuchtes und warmes Terrarium mit etlichen Ästen ist unerläßlich, denn es handelt sich um spezialisiert arboreale Tiere.

Gartenboa oder Hundskopfboa
(Corallus enydris enydris)

Diese südamerikanische Boide erreicht eine Länge von 1,2 bis 1,8 Metern (Jungtiere 30 bis 40 cm). Die Kopulation findet normalerweise von Dezember bis März statt, und die Tragzeit beträgt ungefähr 200 Tage (150 - 250). Wenn Sie die Hundskopfboa in Gefangenschaft züchten wollen, ist es ratsam, die Männchen vor der Paarung bei 20 bis 24° C (Weibchen 5 bis 10° C höher) zu halten und dem Paar dann zur Kopulation, im Terrarium des Männchens, eine Temperatur von zirka 27° C zur Verfügung zu stellen.

Die durchschnittliche Anzahl der Jungschlangen beträgt zwischen 3 und 15 Tieren. Sie können mit Küken, Mäusen oder kleinen Echsen ernährt werden. Das Terrarium sollte angemessen groß sein, regelmäßig benebelt werden und mit einigen Kletterästen wie das der Alttiere ausgestattet sein.

Die Gattung Corallus bietet der Terraristik viele schöne Arten, aber die beliebteste ist immer noch der Hundskopfschlinger (Corallus caninus). Foto eines orangefarbenen Jungtieres von S. Kochetov.

Beliebte Arten

Erst in jüngster Zeit haben Terrarianer begonnen, die Gartenboa (Corallus enydris) zu pflegen und zu züchten. Foto eines juvenilen Exemplares von W.P. Mara.

Die Gartenboa (Corallus enydris) lebt ausschließlich arboreal, so daß der Pfleger ihr möglichst viele Kletteräste zur Verfügung stellen muß. Foto: B. Kahl.

Da Corallus-Arten aus warmen Regionen stammen, ist das tägliche Sprühen zur Erhaltung der Luftfeuchte anzuraten. Foto: S. Kochetov.

83

Beliebte Arten

Kuba-Boas (Epicrates angulifer) sind nicht sehr häufig in Terrarien zu sehen. Möglicherweise ist ihre Vorliebe für Vögel als Futter ein Grund dafür. Foto: S. Kochetov.

Eine sehr beliebte Schlange in der Terraristik ist die Regenbogen-Boa (Epicrates cenchria). Sie paßt sich gut an die Bedingungen in Gefangenschaft an und läßt sich ohne großen Aufwand züchten. Foto: K.T. Nemuras.

Kuba-Boa
(Epicrates angulifer)

Die Kuba-Boa ist, wie der Name schon sagt, in Kuba beheimatet und erreicht eine Gesamtlänge von 3 Metern. Die natürliche Paarungszeit ist von März bis Ende Mai, und die Jungtiere werden mit einer Größe von 38 cm geboren. Die Jungen ernähren sich von kleinen Vögeln und Mäusen, wobei letztgenannte offensichtlich praktikabler sind.

In Gefangenschaft benötigen ausgewachsene Tiere viel Platz und bevorzugen, genau wie die Jungtiere, Temperaturen um 27° C (Männchen sind vor der Kopulationssaison kühler zu halten). Wegen ihrer Kletterleidenschaft ist es angeraten, einige Äste und reichlich Versteckmöglichkeiten anzubieten.

Beliebte Arten

Regenbogenboa
(Epicrates cenchria)

Diese mittelgroße (1,20 bis 1,50 m) Schlange aus Südamerika paart sich im zeitigen Frühjahr und bringt 8 bis 15 Jungtiere zur Welt. Bei der Zucht in Gefangenschaft muß daran gedacht werden, die Männchen vor der Paarungszeit bei etwas niedrigeren Temperaturen (19 bis 24° C statt 27° C) zu halten, die dann für beide Tiere zur Kopulation auf 27° C gesteigert wird. Die Jungschlangen sind zwischen 30 und 45 cm lang und sollten regelmäßig mit nackten Mäusen oder Küken gefüttert werden. Zum Klettern sollten E. cenchria einige Äste angeboten werden und ein sicherer Versteckplatz zur Verfügung stehen.

Puerto Rico-Boa
(Epicrates inornatus)

Neugeborene Jungtiere dieser Art messen zwischen 30 und 38 cm Gesamtlänge. Auch wenn ihre Ansprüche an ihren Lebensraum grundlegend denen der Alttiere entsprechen (27°C), so brauchen sie doch einige Ästchen, da sie ausgesprochen gerne klettern. Die Alttiere paaren sich von März bis Mai, und die Männchen benötigen vor der Paarung Temperaturen von 20 bis 24° C; die Weibchen werden bei etwa 10° C darüber gehalten. Die Neugeborenen können mit frischbefellten Mäusen oder, wenn verfügbar, auch mit kleinen Vögeln gefüttert werden.

Haïti-Boa
(Epicrates striatus)

Das Verbreitungsgebiet dieser hübschen Art reicht von Haïti bis zu den Bahamas. Ihre Adultgröße ist mit 1,80 bis 2,50 Metern recht imposant. Die Größe der Jungtiere ist mit 40 bis 50 cm ebenfalls beachtlich.

Paarungen finden von Dezember bis Mai statt, und das Weibchen benötigt eine Tragzeit von etwa 200 Tagen (150 bis 250). Vor der Paarungszeit werden die

Die Größe eines Wurfes der Regenbogen-Boa (Epicrates cenchria) bewegt sich normalerweise um ein Dutzend. Diese Jungtiere sind etwa 30 cm lang und sollten problemlos nackte Mäuse fressen. Foto: Jim Merli.

Beliebte Arten

Diese Unterart der Regenbogen-Boa (Epicrates cenchria alvarezi) ist zwar nicht so häufig in der Terraristik wie E. c. cenchria, jedoch genau so gut geeignet. Foto: Jim Merli.

Die Schlankboa (Epicrates monensis granti) ist eine der seltenen Boiden - der einzige Platz, wo man ihren Namen schnell finden kann, ist auf der Liste der gefährdeten Arten. Foto: Roberta Kayne.

Männchen auf ungefähr 20 bis 24° C kühl gehalten und die Weibchen bei etwa 27° C auf 30° C gepflegt. Wenn möglich, sollen die Jungtiere mit nackten Mäusen gefüttert werden; man darf aber nicht überrascht sein, wenn nur Echsen als Futter akzeptiert werden.

Jamaica-Boa
(Epicrates subflavus)

Bei der Jamaica-Boa ist von Dezember bis Ende Mai Paarungszeit; die Tragzeit beträgt 200 bis 250 Tage. Wie bei den meisten Boas und Pythons sollten auch hier die Männchen bis zur Kopulationssaison um 10° C kühler gehalten werden als die Weibchen, d.h. bei etwa 20° C.

Die Jungen, die etwa 25 bis 38 cm lang sind, benötigen nackte Mäuse oder Echsen als Nahrung, ein sehr großes Terrarium und viel Ruhe - genau wie die Alttiere. Die Größe eines Wurfes schwankt zwischen 10 bis 30 Tieren. Die Vorzugstemperatur für sie beträgt cirka 27° C. *Epicrates subflavus* gehört zu den im Fortbestand gefährdeten Arten.

Beliebte Arten

Die etwas "häufigere" E. monensis-Unterart ist die Nominatform Epicrates monensis monensis. *Diese Art wurde bereits 1898 beschrieben. Foto: Roberta Kayne.*

Ägyptische Sandboa
(Eryx colubrinus)

Bevor Sie versuchen diese Art zu züchten, sollten Sie sicherstellen, daß den Tieren drei Dinge zur Verfügung stehen: viel Platz, eine warme Umgebung und wenigstens zwei Wochen "klimatische Vorbereitungszeit". Das heißt, die Männchen sollen bei 20 bis 23° C und die Weibchen bei mindestens 27° C gehalten werden. Wenn die Jungtiere zur Welt kommen, es sind zwischen 4 und 20, sind sie etwa 15 bis 25 cm groß (die Alttiere sind nicht viel größer - 38 bis 76 cm) und können mit kleinen Echsen oder jungen Mäusen ernährt werden. Sie brauchen ein weiches Substrat, um sich eingraben zu können und, genau wie die Weibchen, Temperaturen um 27° C.

Indische Sandboa
(Eryx johnii)

Die normale Zeit zur Paarung ist von April bis August. Die Tragzeit ist vergleichsweise kurz, genau gesagt dauert sie nur 100 bis 160 Tage. Die Weibchen sollen vor der Kopulation bei um 10 bis 15° C höheren Temperaturen als die Männchen, bei 27 bis 30° C gehalten werden.

Die Jungtiere messen bei der Geburt zwischen 15 und 25 cm, verlangen eine dicke Schicht Bodenmaterial zum Graben eines sicheren Versteckplatzes und eine große flache Wasserschale, die täglich gereinigt und neu gefüllt werden muß. Sie können mit nackten Mäusen oder Echsen gefüttert werden.

Es mögen mehrere Formen von Sandboas - wie diese Kenya-Sand-boa (Eryx colubrinus loveridgei) *- in Reptilienhandlungen angeboten werden, aber einige sind schwierig zu ernähren. Foto: P.J. Stafford.*

Beliebte Arten

Zwei häufig in der Terraristik vertretene Sandboas - Eryx johnii *(oben) und* Eryx miliaris *(unten). Fotos: R.D. Bartlett und K.H. Switak.*

Beliebte Arten

Grüne Anakonda
(Eunectes murinus)

Dies ist eine der größten Schlangen der Welt. Sie kann eine Gesamtlänge von weit über 7,50 Meter erreichen, und die Jungtiere weisen bei der Geburt ebenfalls bereits Längen von bis zu 90 cm auf.

In Südamerika beheimatet, paart die Grüne Anakonda von März bis Mai. Die Tragzeit beträgt zwischen 200 und 250 Tagen. Bei Gefangenschaftszucht sollten die Männchen vor der Paarungssaison bei kühlen Temperaturen zwischen 20 und 24° C gepflegt werden. Die Weibchen benötigen während der Trächtigkeit eine Temperatur von etwa 30° C.

Ein großes Aufzuchtbecken ist angebracht, denn diese Schlangen werden gewöhnlich sehr groß. Sie können mit Mäusen und Ratten ernährt werden; das Gleiche gilt für die Jungtiere.

Es gab eine Zeit, in der keine der Boiden-Arten aus den Vereinigten Staaten häufig in Gefangenschaft anzutreffen war. Heute gehören die Rosenboas (Lichanura trivirgata) *zu den besonders beliebten Arten.*
Foto: Isabelle Francais.

Beliebte Arten

Gelbe Anakonda
(Eunectes notaeus)

Diese südamerikanische Schlange paart sich von Oktober bis Dezember, bei einer Trächtigkeitsdauer von 200 bis 250 Tagen. Halten Sie die Männchen vor der Fortpflanzungszeit kühl (20 bis 24° C), und stellen Sie ein großes Terrarium mit Temperaturen von 27 bis 30° C zur Paarung zur Verfügung.

Bei der Geburt haben die Jungen eine Länge von 50 bis 63 cm (die Alttiere erreichen lediglich Gesamtlängen von cirka 3,60 Metern) und sollten mit Mäusen, Vögeln oder nackten Ratten gefüttert werden. Die Größe eines Wurfes liegt durchschnittlich zwischen 5 bis 25 Jungtieren.

Rosenboa
(Lichanura trivirgata)

Das ist eine der beiden einzigen Boas, die aus den Vereinigten Staaten bekannt ist. Sie ist in Kalifornien, Arizona und auf der Baja Mexiko beheimatet. Die Adultgröße beträgt nur 60 bis 90 cm, was für eine Boa recht klein ist. Die Jungtiere sind bei der Geburt lediglich 20 bis 30 cm lang.

Kopulationen finden zwischen März und Ende Juni statt, wobei Männchen und Weibchen in der Vorbereitungszeit bei annähernd gleichen Temperaturen gehalten werden können (24° C bzw. 27° C). Die Tragzeit dauert etwa 175 Tage, wonach nur zwei bis fünf Jungtiere geboren werden. Diese sollten mit nackten Mäusen ernährt und bei einer Temperatur von cirka 27° C, genau wie die Alttiere, gepflegt werden.

Beliebte Arten

Die Grüne Anakonda (Eunectes murinus) nimmt eine Sonderstellung im Schlangenreich ein - sie ist eine der längsten Schlangen der Welt. Es sind Exemplare von über 8,40 Meter Länge bekannt. Foto: B. Kahl.

Hundskopfboa
(Sanzinia madagascariensis)

Diese, von Madagaskar stammende, relativ kleine Boa (1,20 bis 1,80 Meter), paart sich von Dezember bis Mai. Die Weibchen tragen die Jungen 150 bis 250 Tage und sollten vor der Paarung warm (27 bis 30° C, Männchen um 10° C niedriger) gehalten werden.

Bei der Geburt sind die Jungen etwa 30 bis 45 cm groß, und die bevorzugte Nahrung besteht aus kleinen Nagetieren und Vögeln. Es werden zwischen 5 und 15 Jungtiere zur Welt gebracht. Sie benötigen warme Temperaturen (27° C) und einige Kletteräste. *Sanzinia madagascariensis* gehört zu den gefährdeten Arten.

Bimini-Zwergboa
(Tropidophis canus curtus)

Diese hübsche, von den Bahamas stammende, 60 bis 90 cm Länge erreichende Boa (nur 10 bis 15 cm bei den Jungtieren) hat ihre Paarungszeit zwischen Dezember und Mai. Die Tragzeit liegt bei 110 bis 150 Tagen. Für die Nachzucht in Gefangenschaft sollten die Männchen vor der Kopulationssaison kühl gehalten werden (20 bis 24° C) während für die Weibchen eine Temperaturanhebung ratsam ist (27 bis 30°C).

Die Jungtiere werden am besten mit kleinen Echsen, Fröschen oder - natürlich vorzuziehen - sehr kleinen Nagern gefüttert und in einem großen Terrarium gepflegt. Sie benötigen viel Bodensubstrat zum Graben und sind vorwiegend nachtaktiv.

Panama-Zwergboa
(Ungaliophis panamensis)

Das Verbreitungsgebiet dieser kleinen Boa (50 bis 76 cm) reicht von West-Kolumbien bis Süd-Nicaragua. Die Paarungszeit fällt normalerweise in die Wintermonate. Die angenommene Länge der Tragzeit beträgt etwa 150 Tage; die Wurfgröße beträgt zwischen 10 und 20 Jungtiere. Sie sind mit etwa 15 cm sehr klein.

Denken Sie bei der Terrarienhaltung daran, das Männchen vor der Paarung bei kühlen Temperaturen auf diese vorzubereiten (24° C, für Weibchen 27 bis 30°C). Die restliche Zeit über sollten Temperaturen von 27°C geboten werden. Es werden viele Kletteräste benötigt. *Ungaliophis panamensis* ist eine der seltenen Arten und nur gelegentlich einmal in einem Terrarium zu sehen.

Schwarzkopf-Python
(Aspidites melanocephalus)

In den trockenen, wie auch feuchten Gebieten Nordaustraliens beheimatet, erreicht die Schlange Längen von über 2,20 Metern (Jungtiere 30 bis 38 cm). Ihre natürliche Paarungszeit liegt zwischen Dezember und Februar; die Tragzeit beträgt etwas mehr als 100 Tage. Vor der Kopulationszeit sollte das Männchen bei 20 bis 24° C, das Weibchen bei etwas höheren 27° C gehalten werden. Andere Bedingungen sind: Reichlich Versteck- und Nistplätze und eine ebenso regelmäßige wie ausgewogene Ernährung.

Die Anzahl der Eier eines Geleges beträgt zwischen 6 und 12. Die Zeitigungsdauer der Eier sollte bei 60 bis 80 Tagen liegen. Eine recht hohe Zeitigungstemperatur von 30 bis 35° C und eine relative Luftfeuchte von 80 bis 100% sind erforderlich. Die Jungtiere haben einen sehr regen Stoffwechsel und sollten regelmäßig mit nackten Mäusen versorgt werden.

Ramsays Python
(Aspidites ramsayi)

Ramsays Python kommt aus den trockenen Gebieten Australiens und kann eine Gesamtlänge von etwa 2 Metern erreichen. Paarungen sind von Dezember bis Februar zu beobachten, und es dauert 100 bis 120 Tage, bevor die Eiablage stattfindet. Denken Sie bei der Zucht in Gefangenschaft daran, das Männchen vorher kühler als das Weibchen zu halten (24° C statt 30°C).

Ein normalgroßes Gelege umfaßt zwischen 6 und 12 Eier, die nach einer Zeitigungsdauer von 60 bis 80 Tagen schlupfreif sind. Der Zeitigungsprozeß erfordert Temperaturen um

Beliebte Arten

*Der bestechende Ramsays Python (Aspidites ramsayi) kommt aus den Trockengebieten Süd-Australiens und ist ein exzellenter Pflegling mit ruhigem Temperament.
Foto: R.T. Hoser.*

Früher waren die Zwergboas der Gattung Ungaliophis als Bananen- Boas bekannt, denn sie wurden oft in Bananenlieferungen gefunden. Foto einer Ungaliophis continentalis *von R.D. Bartlett.*

Eines der reizvolleren und noch selten zu sehenden Mitglieder der Boiden-Familie ist der Schwarzkopf Python (Aspidites melanocephalus). Er ist nachweislich ebenfalls leicht zu züchten. Foto: R.D. Bartlett.

30° C und 90% Luftfeuchtigkeit. Die Jungtiere weisen eine Länge von cirka 30 cm auf und sollten sehr regelmäßig mit nackten Mäusen oder Echsen gefüttert werden.

Neuguinea-Zwergpython
(Liasis boa)

Dieser hübsche, sehr seltene Python stammt aus dem Bismarck Archipel und wächst bis auf eine Länge von über 2,10 Metern heran (die Gesamtlänge der Jungen beträgt 20 bis 25 cm). Auf Kopulationen zwischen Dezember und Mai folgt eine Tragzeit von etwa 140 Tagen. Die Weibchen legen 6 bis 12 weichschalige, weiße Eier, aus denen nach 60 bis 80 Tagen die Jungen schlüpfen. Die Inkubation erfolgt bei 30° C und einer Luftfeuchte von 80%. Wenn Sie planen, diese Pythons im Terrarium zu züchten, achten Sie darauf, daß die Männchen in der Vorbereitungszeit bei niedrigeren Temperaturen als die Weibchen (20 bis 24° C, statt 27 bis 30° C) und während der Paarungszeit gleichwarm bei 27° C gehalten werden müssen. Die Terrarien sollten mit geeigneten Versteckplätzen ausgestattet sein und eine Luftfeuchte von 70% aufweisen. Die Jungtiere werden mit nackten Mäusen ernährt.

Erdpython
(Calabaria reinhardtii)

Diese Art gibt es nur in Westafrika, und sie ist mit einer Länge von etwa 90 cm ausgewachsen. Die Jungtiere sind beim Schlupf 30 cm groß.

Ihre natürliche Paarungszeit dauert von Dezember bis Mai, und der Eientwicklungsprozeß nimmt normalerweise zwischen 100 und 120 Tage in Anspruch. Die Schlüpflinge - wie auch die Alttiere - benötigen ein Terrarium mit sehr viel Bodengrund, eine Luftfeuchte um 70% und Temperaturen von 27° C. Bei der Inkubation der Eier (gewöhnliche Gelegegröße etwa fünf Eier) darf die Temperatur nicht unter 28 bis 30° C liegen, die Luftfeuchte nicht weniger als 80 bis 100% betragen. Das erste Futter der Jungen sollte aus Nagetieren bestehen.

Grüner Baumpython
(Chondropython viridis)

Hierbei handelt es sich um einen verhältnismäßig kleinen Python mit einer Adultgröße von nur 1,20 bis 1,80 m; Schlupfgröße: bis zu 30 cm. Er ist in Australien und Neuguinea beheimatet und paart sich von Januar bis März sowie von Juli bis September. Diese Art produziert Gelege von ungefähr 25 Eiern. Ein gesundes Weibchen benötigt etwa 115 Tage zum Austragen, und die normale Brutzeit beträgt 40 bis 60 Tage.

Auch bei der Terrarienzucht des Grünen Baumpythons sollten die Männchen vor der Kopulationssaison bei leicht abgesenkten Temperaturen um 20° C gepflegt werden, und die Weibchen benötigen unbedingt eine Eiablagekiste. Die Eier sollten bei Temperaturen zwischen 30 und 35° C und einer Luftfeuchte von 80 bis 100% gezeitigt werden. Das erste angebotene Futter kann aus nackten Mäusen bestehen.

Weißlippenpython
(Liasis albertisii)

Diese relativ große Schlange (1,80 bis 2,40 Meter) paart sich von Juni bis November und ist in Australien, Neuguinea und auf den Inseln der Torres-Straße beheimatet.

Für die Gefangenschaftsnachzucht benötigen die Männchen eine Vorbereitungszeit bei kühlen 20° C. Für die Paarung sollten beide Tiere in einem warmen, feuchten Terrarium gehalten werden, und dem Weibchen muß natürlich eine Eiablagemöglichkeit zur Verfügung stehen. Die Ablage erfolgt allgemein nach 100 bis 130 Tagen. Die ungefähr 8 bis 20 Eier sind nach 60 bis 80 Tagen schlupfreif. Die Jungtiere messen

Beliebte Arten

*Der Grüne Baumpython (Chondropython viridis) kommt nicht mit seiner typischen smaragdgrünen Farbe zur Welt, sondern eher rötlich orange. Diese Farbe wechselt bei halbwüchsigen Tieren dann ins Gelbe (wie hier zu sehen), und dann erst in das so gut bekannte kräftige Grün.
Foto: B. Kahl.*

Rechts: Zwei Ansichten des Erdpythons (Calabaria reinhardtii). Oben in passiv-defensiver Haltung (mit dem Schwanz obenauf und dem Kopf in die Körperschlingen gesteckt), und unten, ein Kopfporträt. Fotos: Jim Merli und P.J. Stafford.

Beliebte Arten

etwa 30 cm und werden mit nackten Mäusen und Echsen ernährt.

Geeignete Zeitigungstemperaturen für die Eier liegen zwischen 30 und 35°C bei einer Luftfeuchte von über 80%.

Gefleckter Python
(Liasis childreni)

Er ist mit nur bis 1,20 Metern ein recht kleiner Vertreter aus Nord-Australien. Paarungen finden im Dezember bis Februar statt, und nach 100 bis 150 Tagen legt das Weibchen 3 bis 15 Eier ab. Diese benötigen bis zum Schlupf eine Zeitigungsdauer von 40 bis 80 Tagen. Die Schlüpflinge messen nur um 15 cm.

Eine artgerechte Inkubation erfordert hohe Temperaturen (30° C) und eine minimale Luftfeuchtigkeit von 80%. Die Jungen nehmen Futter in Form von Mäusen und Echsen an, wobei ersteren der Vorzug zu geben ist.

Zwei Ansichten des Weißlippenpythons. Oben ein schwarzes ausgewachsenes Männchen; unten ein Kopfporträt eines adulten Weibchens. Fotos: W.P. Mara und mit Genehmigung des Chester Zoos.

Beliebte Arten

Der Gefleckte Python (Liasis childreni) wird erst seit kurzem als für die Terrarien-haltung geeignet angesehen. Er ist einer der häufigsten Pythons in Australien.
Foto: C. Banks.

Brauner Wasserpython
(Liasis fuscus)

Der Braune Wasserpython ist eine relativ große Schlange (1,80 bis 2,40 Meter) und stammt aus Nordost-Australien und Neuguinea. Die Jungtiere sind gewöhnlich nicht länger als 30 cm. In der Gefangenschaft sollten die Männchen auf die Kopulationszeit bei kühlen 20° C vorbereitet werden, wonach das zusammengesetzte Paar viel Platz, eine hohe Luftfeuchte und Temperaturen von 27 bis 30° C benötigt. Das Weibchen trägt die 7 bis 15 Eier über einen Zeitraum von 110 Tagen; die Inkubationsdauer beträgt 40 bis 60 Tage. Am günstigsten ist eine Zeitigung bei mindestens 28° C und einer Luftfeuchte von 80%. Als Futter für die Schlüpflinge sind nackte Mäuse geeignet.

Macklots Python
(Liasis mackloti)

Macklots Python kann eine Gesamtlänge von bis zu 2,40 Metern erreichen und ist in Neuguinea beheimatet. Die Paarungszeit beginnt im Dezember und dauert bis Ende Mai, die Tragzeit beträgt zwischen 100 und 120 Tage. Die Männchen werden auch hier vorher bei 20° C gehalten. Während der Paarungszeit muß die Luftfeuchte wenigstens 60% betragen.

Ein normalgroßes Gelege besteht aus 7 bis 15 Eiern. Bei korrekter Zeitigung (30 bis 35° C, 80% Luftfeuchte) schlüpfen die Jungen nach 40 bis 60 Tagen. Sie messen knapp unter 30 cm und sollten mit nackten Mäusen gefüttert werden.

Beliebte Arten

Der Oliv-Python (Liasis olivaceus) ist in Australien beheimatet, erreicht eine Länge von etwa 2,40 Metern und produziert ein Gelege von zwischen 30 und 40 Eiern. Foto: C. Banks.

Oliv-Python
(Liasis olivaceus)

Dieser Python kommt aus Nord-Australien und paart sich von Dezember bis März. Er ist mit 2 bis 2,15 Metern ausgewachsen; Jungtiere messen zwischen 15 und 25 cm. Bis zur Ablage der 10 bis 25 Eier benötigt das Weibchen 100 bis 120 Tage. Diese sollten bei Temperaturen um 30° C und einer Luftfeuchte nicht unter 80% gezeitigt werden.

Die Adulttiere benötigen sehr viel Platz und sollten deshalb ein großes Terrarium mit weichem Bodensubstrat erhalten. Die Luftfeuchte sollte hier ebenfalls recht hoch sein. Vergessen Sie nicht, das Männchen vor der Paarungssaison bei kühlen 20° C zu halten. Man sollte versuchen, die Jungschlangen von Beginn an mit nackten Mäusen zu ernähren.

Pygmäenpython
(Liasis perthensis)

Dieser Vertreter aus West-Australien, dort auch als "Ant-hill Python" bekannt, ist relativ klein und überschreitet eine Länge von 90 cm nicht. Die Schlupfgröße liegt bei nur wenig mehr als 15 cm.

Die Paarungszeit dauert von Dezember bis März. Die Tragzeit beträgt 100 bis 120 Tage, wonach zwei bis fünf große, weiße Eier abgelegt werden. Bevor das Weibchen mit dem Männchen vergesellschaftet wird, muß letzteres bei 20° C kühl gehalten worden sein.

Die Eier benötigen nicht weniger als 30° C und eine Luftfeuchte von über 80%. Die Schlüpflinge müssen mit Wasser, einem weichen Bodengrund und einer Ernährung, aus bevorzugt jungen Mäusen, versorgt werden. Kleine Echsen können auch recht begehrt sein. *Liasis perthensis* ist eine der seltenen Arten und eigentlich so gut wie nie in Terrarien zu sehen.

Beliebte Arten

Der Neuguinea-Zwergpython (Liasis boa) wurde früher der Gattung Bothrochilus zugerechnet. Er ist ein Mäusefresser und erreicht selten Längen über 1,50 Meter. Foto: Roberta Kayne.

Stimsons Python
(Liasis stimsoni)

Ausschließlich in Zentral-Australien vorkommend, paart sich dieser recht kleine Python (60 cm) von Dezember bis März und hat eine Tragzeit von 120 bis 150 Tagen. Für die Gefangenschaftszucht muß dem Zuchtpaar viel Bodengrund zum Graben und Verstecken zur Verfügung stehen; die Männchen werden vorher eine Weile bei nur 20° C gepflegt.

Ein normales Gelege dieser Art ist mit nur zwei bis fünf Eiern sehr klein, aber die Eier selbst sind sehr groß. Die Inkubation benötigt 40 bis 60 Tage und sollte bei 80% rel. Luftfeuchte und etwa 30° C durchgeführt werden. Die Jungtiere messen zirka 15 cm.

Bredles Rautenpython
(Morelia bredli)

Diese Pythons paaren sich in der Natur von Dezember bis Februar, und die Weibchen legen ihre drei bis acht Eier (meistens fünf) nach etwa 125 Tagen ab. In der Gefangenschaft werden die Männchen bei 20° C auf die Kopulation vorbereitet, und danach werden dem Pärchen viele Versteckmöglichkeiten und Ruhe angeboten. Die Zeitigungsdauer der Eier beträgt 40 bis 60 Tage bei einer Luftfeuchte von 80% und mindestens 30° C. Die Jungtiere, zwischen 20 und 25 cm lang (Alttiere 1,60 Meter), sollten mit nackten Mäusen gefüttert werden.

Oben: Bredles Python (Morelia bredli) wurde erst 1981 beschrieben und ist zu einer Sensation in der Terraristik geworden. Foto: C. Banks.

Mitte: Trotz seiner manchmal horrendend Preise ist Bredles Python (Morelia bredli) sehr gefragt. Foto: C. Banks.

Unten: Der Diamant-Teppichpython (Morelia spilotes spilotes) erreicht eine Länge von cirka 3 Metern und ist sehr ansprechend. Berichten zu Folge soll er allerdings weniger gut für das Terrarium geeignet sein. Foto: C. Banks.

Felsenpython
(Morelia carinatus)

Er stammt aus dem Nordwesten Australiens, und die Adulti dieser Art erreichen eine Länge bis 1,80 Metern (Schlüpflinge knapp unter 30 cm). Paarungszeit ist von Dezember bis Februar. Auch hier muß an eine vorherige Abkühlung der Männchen auf 20° C gedacht werden.

Ein normales Gelege umfaßt etwa neun Eier, die Zeitigung dauert zwischen 40 und 60 Tagen. Eine artgerechte Inkubation erfordert Temperaturen nicht unter 30° C und eine Luftfeuchte von 80%. Die Jungschlangen werden mit nackten Mäusen oder, weniger praktikabel, mit Echsen gefüttert. *Morelia carinatus* ist einer der seltenen Arten und wird nur sehr selten in Gefangenschaft gehalten.

Diamant-Teppichpython
(Morelia spilotes spilotes)

Der Diamant-Teppichpython ist in Neu-Süd-Wales und an der Ostküste Australiens beheimatet und paart sich, nach einer kurzen Ruhephase bei 20° C, von Dezember bis Ende Februar. Die Alttiere erreichen Längen von knapp 2,40 Metern, und Jungtiere messen wenig über 30 cm.

Die normale Tragzeit bewegt sich um 135 Tage, nach denen das Weibchen durchschnittlich 12 Eier ablegt. Aus diesen schlüpfen die Jungtiere nach einer Zeitigung bei 30° C und einer Luftfeuchte von 80% über einen Zeitraum von 40 bis 60 Tagen. Die ersten Futtergaben sollten aus nackten Mäusen bestehen, und das Terrarium muß in regelmäßigen Abständen benebelt werden.

Teppichpython
(Morelia spilotes variegatus)

Diese australische Schlange (eine Unterart des Diamant-Teppichpythons) ist relativ groß: einige Exemplare erreichen Gesamtlängen von 3 Metern!

Beliebte Arten

*Mit einigen Exemplaren von über 7,50 Meter Länge ist der Amethyst-Python (Python amethystinus) eine der längsten Schlangen der Welt. Es sind sehr attraktive Tiere mit einem etwas unberechenbaren Temperament.
Fotos: C. Banks.*

Beliebte Arten

Selbst die Jungtiere sind beim Schlupf gewöhnlich schon über 60 cm lang. Wollen Sie diesen Teppichpython züchten, müssen die Männchen vor der Paarungszeit bei kühlen 20° C gehalten werden, da sie sonst nicht in der Lage sind, die Eier zu befruchten. Die beste Zeit zur Kopulation ist von Dezember bis Februar. Eine normale Trächtigkeit dauert 110 bis 150 (meistens 135) Tage.

Die Zahl der Eier liegt zwischen 7 und 15. Bei günstigen Bedingungen (30° C und 80% Luftfeuchte), sollten die Jungen nach cirka 50 Tagen schlüpfen und mit nackten Mäusen gefüttert werden. Dieser Teppichpython zeigt eine breite Palette von schönen Farbmustern.

Amethystpython
(Python *amethystinus*)

Als eine der größten Schlangen der Welt, erreicht diese, aus Australien und Neuguinea stammende, vereinzelt sogar Längen von über 6,90 Metern! Diese Größe ist umso beeindruckender, wenn man berücksichtigt, daß die Jungtiere beim Schlupf lediglich zwischen 30 und 45 cm messen.

Sollten Sie im Besitz eines Pärchens dieser Monster sein, und Sie wollen versuchen, diese zu züchten, dann vergessen Sie nicht, das Männchen zuvor kühl zu halten. Die Weibchen haben eine Tragzeit von etwa 135 Tagen und legen zwischen 10 und 25 Eier. Die Zeitigung erfordert Temperaturen von über 30° C und eine Luftfeuchte von nicht weniger als 80%.

Die Schlüpflinge brauchen einige Kletteräste, auf denen sie die meiste Zeit verbringen, ein flaches, großes Wassergefäß zum Trinken und Baden. Sie sollten mit kleinen Nagern gefüttert werden.

Boelens Wasserpython (Python boeleni), *eine Schlange aus Neuguinea, ist ein guter Pflegling mit angenehmem Temperament. Leider ist er nicht häufig erhältlich. Foto: Jim Merli.*

Angola-Python
(Python *anchietae*)

Diese Schlange ist ausgewachsen nur etwa 1,30 m lang (Schlüpflinge cirka 30 cm) und kommt aus Angola und Namibia. Ungefähr 135 Tage nach der Paarung zwischen Oktober und Februar, legt das Weibchen ihre nur drei bis sechs Eier ab. Für die Zucht in Gefangenschaft benötigen die Zuchtpaare dieser Art unbedingt ein hohes Maß an Ruhe und die Männchen eine Vorbereitungszeit bei 20° C. Diese Haltungsbedingungen sind zur Fortpflanzung unerläßlich.

Die Eier sollten bei 30° C und nicht unter 80% Luftfeuchte gezeitigt werden. Die Jungen schlüpfen nach etwa 75 Tagen und können mit nackten Mäusen ernährt werden.

Python anchietae ist eine der seltenen Arten und nahezu nie in Terrarien zu sehen.

Beliebte Arten

Zwei der weniger häufig zu sehenden Mitglieder der Gattung Python. Das obere Bild zeigt Boelens Wasserpython (Python boeleni), das untere den Angola-Python (Python anchietae). Fotos: Jim Merli und K.H. Switak.

Beliebte Arten

Boelens Wasserpython
(Python boeleni)

Das ist ein verhältnismäßig kleiner Gattungsvertreter - Adulti erreichen selten Größen über 3 Meter. Er stammt aus Neuguinea und paart sich von Dezember bis März.

Für die Gefangenschaftszucht müssen die Männchen eine "Kaltperiode" bei 20° C durchmachen, bevor das Pärchen in einem Terrarium mit moosigem Bodensubstrat und einem großen Wassergefäß kopulieren kann. Nach einer Tragzeit von rund 135 Tagen werden drei bis sechs große weiße Eier abgelegt, die bei korrekter Zeitigung (30° C und 80% Luftfeuchte) nach 60 bis 80 Tagen schlupfreif sind.

Die Schlüpflinge, die zwischen 40 und 45 cm messen, benötigen die gleichen klimatischen Bedingungen wie die Alttiere und sollten mit nackten Mäusen gefüttert werden.

Blutpython
(Python curtus)

Dieser Python ist in Malaysia, auf Borneo und Sumatra beheimatet und hat seine Paarungszeit von Dezember bis März. Er erreicht eine Gesamtlänge von 1,7 Metern. Denken Sie bei der Zucht in Gefangenschaft an die kühleren Temperaturen (20° C) für die Männchen. Die Trächtigkeit dauert zwischen 110 und 150 Tage, wonach ein Gelege von 6 bis 15 Eiern abgesetzt wird. Diese benötigen eine Inkubation bei wenigstens 30° C und einer Luftfeuchte von 80% und sind nach ungefähr 75 Tagen schlupfreif.

Die Jungen haben eine Länge von cirka 45 cm und brauchen reichlich Versteckmöglichkeiten. Als erste

Beliebte Arten

Dieses schöne Tier ist Python curtus brongersmai, eine Unterart des beliebten Blutpythons. Blutpythons sind generell sehr kurz und kräftig gebaut und verfügen normalerweise über ein boshaftes Temperament. Foto: P.J. Stafford.

Tigerpython
(Python molurus molurus)

In seiner Heimat Indien fällt die Paarungszeit normalerweise in die Monate Oktober bis Februar. Für die Gefangenschaftszucht benötigen die Männchen eine vorangehende Ruhephase bei 23° C. Die Tragzeit der Weibchen dauert 100 bis 150 Tage bis zur Ablage der 12 oder mehr Eier; Gelege bis 60 Eier sind möglich. Da die Alttiere Längen von über 4,5 Metern erreichen, benötigen sie ein sehr großes Terrarium.

Die Eier sollten nicht kühler als 30° C gezeitigt werden und brauchen eine Luftfeuchte von mindestens 80%. Die etwa 30 cm langen Jungtiere schlüpfen nach 60 bis 80 Tagen und nehmen junge Mäuse und Ratten als Futter an.

Python molurus molurus gehört zu den gefährdeten Arten.

Burma-Python
(Python molurus bivittatus)

Der Burma-Python ist eine sehr beliebte Art von enormer Größe - er kann über 6,6 Meter lang werden! Erstaunlicherweise sind die Jungtiere dieser aus Burma, Malaysia und Indonesien stammenden Art sehr klein; sie erreichen selten Längen über 45 cm. Der Burma-Python paart

Futtergabe sollten nackte Mäuse und/oder Ratten versucht werden.

Beliebte Arten

Oben: Der Blutpython wurde häufig in Gefangenschaft nachgezogen. Das Weibchen legt etwa ein Dutzend Eier. Foto von Python curtus breitensteini *von Jim Merli.*

*Oben: Irgendwann im letzten Jahrzehnt tauchte ein einzelner albinotischer Burma-Python (*Python molurus bivittatus*) in der Terraristik auf, und heute sind wunderschöne Exemplare, wie dieses, aber zu recht hohen Preisen erhältlich. Foto: R.D. Bartlett.*

*Links: Im Laufe der Zeit werden mehr und mehr albinotische Burma-Pythons (*Python molurus bivittatus*) gezüchtet werden, was die Preise herunterdrücken und sie für den Durchschnittsterrarianer leichter erhältlich machen wird. Foto: M.J. Cox.*

Beliebte Arten

Der Burma-Python ist zweifelsfrei einer der beliebtesten Pythons und wird auch als albinotische Form gezüchtet. Sie verlangt einen hohen Preis, die Nachfrage ist aber trotzdem hoch. Foto: Jim Merli.

Wenn auch relativ ansprechend und als gut haltbar bekannt, gehört der Süd-Australische Wasserpython (Python oenpelliensis) zu den in Australien streng geschützten Arten und wird deshalb fast nie in Gefangenschaft gepflegt.
Foto: R.T. Hoser.

Viele so hervorragende Varietäten des Burma-Pythons (Python molurus bivittatus) wie die hier gezeigte, sind heute Dank gezielter Auswahlzucht über Generationen für die Terraristik erhältlich. Foto: P.J. Stafford.

sich von Oktober bis Februar, und nach einer Tragzeit von 110 bis 150 Tagen legen die Weibchen zwischen 12 und 60 Eier. Beim Versuch der Gefangenschaftszucht müssen die Männchen in Vorbereitung auf die Kopulationszeit bei ca. 20°C kühl gehalten werden.

Die Inkubationszeit beträgt 60 bis 80 Tage, bei einer Temperatur von wenigstens 30° C und einer Luftfeuchte von 80% oder höher. Die Jungschlangen werden mit kleinen Mäusen und/oder Ratten ernährt. Der Burma-Python wird speziell als albinotische Zuchtform immer beliebter.

Ceylon- (Sri Lanka-) Python
(Python molurus pimbura)

Ausschließlich auf der Insel Sri Lanka beheimatet, kann diese Art bis zu 3 m Körperlänge erreichen. Ihre natürliche Paarungszeit Oktober bis Februar. Wie bei den verwandten Arten müssen die Männchen auf die Zucht mit kühlen 22°C vorbereitet werden. Die Zeitspanne zwischen der Paarung und der Ablage der 7 bis 15 Eier beträgt zwischen 110 und 150 Tage. Die Eier sollten bei 30° C und einer Minimum-Luftfeuchte von 80% für 60 bis 80 Tage gezeitigt werden. Die Schlüpflinge haben Längen von 25 bis 38 cm, brauchen reichlich Versteckmöglichkeiten (wie auch die Alttiere) und sollten so früh wie möglich an nackte Mäuse gewöhnt werden.

Beliebte Arten

Südaustralischer Wasserpython
(Python oenpelliensis)

Dieser Python stammt aus dem westlichen Arnhemland in Australien, ist extrem selten und strengstens geschützt. Adulti erreichen selten eine Länge über 3,60 Meter und paaren sich vermutlich von Dezember bis März.

Über ihre Nachzucht ist so gut wie nichts bekannt, da sie in Gefangenschaft äußerst selten gehalten werden. Es ist aber mit einiger Sicherheit anzunehmen, daß die Zuchtdaten anderer Arten aus gleichen klimatischen Gebieten auch hier zutreffen. Die einzige bekannte und sichere Information ist, daß die Eier dieser Art eine extrem kurze Inkubationszeit haben (manchmal kürzer als zwei Wochen). Der Stoffwechsel der Adulti ist sehr hoch.

Königspython
(Python regius)

Als eine ebenfalls sehr beliebte Art, erreicht der Königspython nur etwa 1,50 Meter Körperlänge. Er ist in Zentralafrika beheimatet und hat seine Paarungszeit von Oktober bis Februar. Die Trächtigkeit dauert zwischen 100 bis 120 Tage, wonach ein bis acht Eier abgelegt werden. Für eine artgerechte Zeitigung benötigen die Eier Temperaturen von 30° C bei einer relativen Luftfeuchte von 80% oder höher. Die Jungtiere haben eine Länge von 20 bis 25 cm und benötigen viele Verstecke, da sie sehr scheu sind. Sie sollten mit kleinen Mäusen gefüttert werden. Es existiert neuerdings auch eine helle Zuchtform des Königspythons.

Beliebte Arten

Man beachte die Färbungsunterschiede bei diesen beiden Königspythons (Python regius).
Fotos: R.D. Bartlett.

Links: Einer der Nachteile der Netzpythons (Python reticulatus) ist, daß sie leicht reizbar sind. Foto: P.J. Stafford.

Die Jungtiere des Netzpythons (Python reticulatus) sind beim Schlupf bereits gut 60 cm lang. Foto: W. Wuster.

Der Netzpython (Python reticulatus) ist einer der am leichtesten zu vermehrenden Arten. Er hat eine 135 Tage dauernde Tragzeit, und die Größe der Gelege geht in die Dutzende. Foto: Roberta Kayne.

Netzpython
(Python reticulatus)

Der Netzpython kommt aus Indien, Südost-Asien und von den Philippinen und war lange Zeit, zusammen mit der Anakonda, ein Streitobjekt um die Frage, welche von beiden die größte Schlange der Welt ist. Ein ausgewachsener Netzpython kann eine Länge von 10,5 m haben, womit er die Grüne Anakonda (maximal 9,6 Meter) übertrifft, aber die Anakonda ist viel schwerer. Frisch geschlüpfte Netzpythons messen bereits über 60 cm. Sollten Sie vorhaben, diese Giganten in Gefangenschaft zu pflegen, müssen Sie ihnen natürlich eine ausreichend große Unterbringung und regelmäßige Fütterungen bieten können. Zuchtmännchen müssen vor der Paarungszeit bei 20° C kühl gehalten werden. Die Weibchen haben eine Tragzeit von 135 Tagen. Die 15 bis 60 zählenden Eier eines Geleges werden bei Temperaturen von 30° C und einer Luftfeuchte um

Der Netzpython (Python reticulatus) ist mit großer Wahrscheinlichkeit die längste Schlange der Welt. Einige Exemplare weisen Längen von weit über 7,50 Metern auf.
Foto: K.T. Nemuras.

80% für rund 70 Tage gezeitigt. Die Jungen sollten regelmäßig mit kleinen Mäusen gefüttert werden. Wie beim Königspython gibt es auch von dieser Art eine helle Farbphase.

Afrikanischer Felsenpython
(Python sebae)

Wie man schon anhand des Namens vermuten kann, stammt dieser Python aus Afrika. Es ist eine sehr große Art, die Längen bis zu 6 Meter erreicht. Paarungen finden in der Natur von August bis Dezember statt.

Sollten Sie versuchen, den Felsenpython in Gefangenschaft züchten zu wollen, sollten Sie wissen, daß die Männchen vor der Fortpflanzungssaison kühle Temperaturen um 20° C benötigen. Ein großes Terrarium mit einem sicheren Versteckplatz ist zu empfehlen.

Nach 135 Tagen Tragzeit werden 15 bis 60 Eier abgelegt. Diese sollten bei über 30° C inkubiert

Beliebte Arten

Da der Netzpython, Python reticulatus, eine beträchtliche Größe erreichen kann, müssen spätere Raumbedürfnisse schon vor dem Erwerb berücksichtigt werden.
Foto: K.T. Nemuras

werden und brauchen eine Luftfeuchte von 90%. Die Inkubation dauert 60 bis 80 Tage, wonach die Jungen mit einer Gesamtlänge von 45 bis 50 cm schlüpfen. Als erstes Futter sollten kleine Mäuse und/oder Ratten verabreicht werden.

Timor-Python
(Python timorensis)

Beheimatet auf den Inseln Timor und Flores, ist diese Schlange verhältnismäßig klein für einen Python: 1,50 bis 2 Meter. Paarungszeit ist von August bis Dezember, und die Tragzeit beträgt 110 bis 150 Tage.

Auf die Zucht in Gefangenschaft muß das Männchen bei 20° C vorbereitet werden. Für die Paarung sollte eine Luftfeuchte von 60% herrschen.

Die 6 bis 15 Eier eines Geleges sollten bei mindestens 80% Luftfeuchte nicht unter 30° C gezeitigt werden. Nach 70 Tagen schlüpfen 30 bis 40 cm große Jungtiere, die durch nackte Mäuse ernährt werden sollten.

Beliebte Arten

Corallus caninus. *Foto: A. van den Nieuwenhuizen*

Beliebte Arten

*Zwei Farbvarianten des seltenen und schönen Felsenpythons (Python sebae).
Foto oben: R.D. Bartlett;
unten: W.R. Branch.*

117

Übersicht der Haltungsbedingungen

Gattung (Trivialname)	Terrarium	Temperatur (°C)	Luftfeuchte	Sonstiges
Acrantophis (Madagaskar-Boa)	N & G	26-28	S & WB	V
Boa constrictor (Königsboa)	N & G	27-30	S & WB	V, Ä
Candoia (Pazifik-Boas)	N	27-30	S & WB	G, Ä, V
Charina (Gummiboa)	N & RW	24-27	S & WB	G, V
Corallus (Baumboas)	GR	27-30	S & NS	HF, Ä, P, S
Epicrates (Regenbogenboa)	G	25-30	S & WB	Ä, V
Eryx (Sandboas)	W	30-35	WB	G, V, F
Eunectes (Anakondas)	GR	27	S & WB+	P, Ä, F
Lichanura (Rosenboa)	N	26-27	S & WB	V, G
Sanzinia (Hundskopfboa)	GR	27-30	S & NS	HF, Ä, P, V
Tropidophis (Zwergboas)	RW & N	27-30	WB	G, V
Ungaliophis (Zwergboas)	RW & N	27-30	WB	V, Ä
Aspidites (Schwarzkopf-Python)	N	27-30	WB	S, V, G
Bothrochilus [Liasis] (Neuguinea-Zwergpythons)	RW	27	WB	S, V, P

Übersicht der Haltungsbedingungen

Gattung (Trivialname)	Terrarium	Temperatur (°C)	Luftfeuchte	Sonstiges
Calabaria (Erdpythons)	RW	24-30	WB	S, G
Chondropython (Grüner Baumpython)	GR	27	S, NS, HF	Ä, P
Liasis (Australische Wasserpythons)	GR	30	S, NS, HF	WB+, P, V
Liasis (Gefleckte und Pygmäenpythons)	RW	30	WB	S, V
Liasis/Morelia (Australische Wüsten-Pythons)	W	30-35	WB	G, V
Morelia (Teppichpythons)	RW	30	WB	S, V, P
Python (Amethyst-, Boelens, und Timor-Pythons)	RW	30	WB	S, V, P
Python (Indische und Netzpythons)	G	27-30	WB+	V, P, F
Python (Afrikanische Pythons)	N & RW	27-30	WB	S, V

Abkürzungen:

N = Normalgröße   WB = Wasserbehälter   G = Grabend
RW = Regenwald   S = Sprühen   Ä = Äste
G = großes Terrarium   NS = Nebelsystem   V = Versteckplatz
GR = großes RW   HF = hohe Feuchtigkeit   P = Pflanzen
W = Wüste   WB+ = Schwimmmöglichk.   F = Freiraum

Anhang

CHEMIKALIEN UND MEDIKAMENTE

Oral zu verabreichende Elektrolyt-Lösungen

Zusammensetzung: Natriumchlorid, Natriumzitrat, Kaliumzitrat, Kalziumchlorid, Magnesiumchlorid und Natriumbicarbonat. Traubenzucker und Vitamin C sind ebenfalls in einigen Lösungen enthalten. (Ringerlaktat)

Anwendung: Im Kühlschrank aufzubewahren, wenn es nicht im Gebrauch ist - zum Gebrauch vorher auf Zimmertemperatur erwärmen. Die Lösung wird oral (über das Maul) verabreicht, bei sterilen Präparaten kann auch injiziert werden.

Zweck: Wird zum Wiederaufbau des Flüssigkeits- und Elektrolyt- Haushaltes bei Dehydration angewandt. Mixturen aus Vitaminen, Mineralien und verflüssigtem Fleisch und Gemüse können mit diesen Lösungen angereichert und als komplette Nährlösung an junge oder kranke Reptilien verabreicht werden.

Risiken: Es kann zu einer Flüssigkeits- und Elektrolyt- Überdosierung und Magenverstimmungen kommen, wenn es zu heiß oder zu kalt, zu schnell oder in überdosierten Mengen verabreicht wird.

Multivitaminpräparate

Zusammensetzung: Verschiedene Mengen der lebenswichtigen Vitamine, Mineralstoffe, Aminosäuren und Elektrolyten. Die meisten konzentrierten Lösungen enthalten alle Vitamine, insbe-

Anhang

Die Regenbogenboa (Epicrates cenchria) ist ein hauptsächlich bodenbewohnender Vertreter ihrer Gattung und hat neun Unterarten. Foto: B. Kahl.

sondere Vitamin D3 und ausgewogene Mengen an Kalzium und Phosphor, wenn sie speziell für Reptilien hergestellt wurden. Herkömmliche Vitaminpräparate für Menschen enthalten die für Reptilien wichtigen Vitamine und Mineralstoffe nicht in ausreichenden Mengen und sollten deshalb nicht ohne Verschreibung eines Tierarztes angewendet werden.

Anwendung: Zur Behandlung von Unterernährung und Dehydration und auch zur routinemäßigen Versorgung mit Vitaminen und Mineralien. Zweck: Präparate in Puderform werden zum Bestäuben des Futtertieres, in Nährlösung oder Flüssignahrung benutzt. Flüssigpräparate werden in täglich erneuerter Mischung mit dem Trinkwasser verabreicht.

Risiken: Eine Überdosierung dieser Präparate kann eine Gleichgewichtsstörung des Vitamin- und Elektrolyt-Haushaltes bewirken. Sie sollten nur in kleinen Mengen und nicht täglich angewandt werden.

Jodtinkturen
10-12% antiseptische Lösung

Zusammensetzung: Aktive Bestandteile: 1% Jod; andere Bestandteile: Zitronensäure und Glyzerin

Anwendung: Für die Reinigung von Wunden und Hautpartien in Verbindung mit Antibiotika-Behandlungen und operativen Eingriffen. Zur Abtötung von Bakterien auf der Haut. Verdünnung von 5 ccm (1 Teelöffel) Jodtinktur mit 20 ccm (4 Teelöffeln) sterilem Wasser. Für eine konzentriertere Lösung kann auch mit nur 15 ccm (3 Teelöffeln) Wasser verdünnt werden.

Zweck: Unverdünnte Jodtinkturen kommen bei Hautoperationen zur Anwendung. Die Lösung wird in kleinen Mengen auf die betreffenden Hautpartien aufgetragen. Sie kann auch zur Behandlung der Maulschleimhäute angewandt werden, darf aber nicht heruntergeschluckt werden, da es zu Vergiftungen

Die Nominat-Unterart des Diamant-Pythons (Morelia spilotes spilotes). Foto: P.J. Stafford.

Anhang

Unterart des Diamant-Pythons (Morelia spilotes variegatus). Foto: Roberta Kayne.

kommen kann. Risiken: Für Wundbehandlungen muß das Präparat verdünnt werden, um die Stärke des giftigen Jods abzuschwächen.

Antibiotische Salben

Zusammensetzung: Neomycinsulfat. Es gibt verschiedene Salben, die Neomycin in unterschiedlichen Mengen und in Verbindung mit anderen Antibiotika wie Bacitracin-Zink und Polymyxin B-Sulfat beinhalten.

Anwendung: Zur Heilungsförderung und als Schutz bei Hautverletzungen und Wunden. Nur zur äußeren Anwendung. Nach gründlicher Reinigung der betreffenden Hautpartie(n), wird die Salbe als dünner Film ein bis zweimal täglich auf die Wunde aufgetragen.

Risiken: Sollte nur dünn aufgetragen und nie zur inneren Anwendung benutzt werden.

Bleichmittel

Zusammensetzung: Chlorsauerstoffsäure und Wasser.

Anwendung: Zur Verdünnung des Mittels werden 30 ccm (6 Teelöffel) Bleichmittel in 4 bis 4,5 l Wasser aufgelöst. Mit dieser Lösung werden alle Oberflächen gründlich gereinigt, für 30 Minuten trocknen lassen und dann mindestens dreimal abgespült bis keine Rückstände mehr vorhanden sind. Bei der Behandlung von Holz muß gleich nach der Reinigung abgespült werden, so daß die Bleichmittellösung nicht in das Holz einziehen kann.

Zweck: Zur Desinfektion von Terrarien und

Blutpython (Python curtus). Foto Bill Christie.

"*Zeichnungslose*" *und albinotische Burma- Pythons* (Python molurus bivittatus).
Foto: W.P Mara

Die Gelbe Anakonda (Eunectes notaeus). *Foto: B. Kahl.*

Brutbehältern, Wassergefäßen und anderen Gegenständen in der Reptilienhaltung.

Risiken: Diese Lösung darf nicht mit lebendem Gewebe in Berührung kommen, denn sie ist hochgiftig. Alle existierenden Bleichmittel müssen verdünnt und gründlich von den behandelten Flächen abgespült werden.

Garten-Karbolineum

Zusammensetzung: Aktive Bestandteile: Karbolineum

Zweck: Zur Eliminierung von Milben und Zecken.

Risiken: Nicht in der Nähe von Wasser oder Wassergefäßen und niemals zur Einnahme zu verwenden. Darf nicht zur Behandlung von jungen, halbwüchsigen oder kleinen empfindlichen Schlangen angewandt werden.

"Insekten-Strips"
"Fliegen-Strips"

Zusammensetzung: Harz, Kautschuk und Mineralöl auf Papier und/ oder Kunststoff. Einige Marken beinhalten Insektenvernichtungsmittel.

Anwendungsart: Der ungeöffnete Strip wird in der Hand erwärmt und dann geöffnet und/oder auseinandergezogen. Er wird an einer hellen Stelle im Raum aufgehängt, muß aber vor direktem Sonnenlicht geschützt sein. Nicht in der Reichweite von Kindern und ebenfalls nicht dort plazieren, wo Tiere in Kontakt mit dem Strip kommen können.

Zweck: Zum Fangen von Fliegen, Flöhen und anderen Insekten.

Risiken: Sollte niemals im Terrarium oder über dem Wassergefäß angebracht werden.

Anhang

Natriumsulfatmethazin

Zusammensetzung: Natriumsulfatmethazin und Wasser in 12,5% Lösung.

Anwendung: Die unverdünnte Lösung wird mit einem sterilen Wattestäbchen oder Mullstückchen aufgetragen.

Zweck: Antibakterielle Lösung zur Behandlung von bakteriellen Hauterkrankungen, Schleimhautverletzungen und Wunden.

Risiken: Es sollten nur kleine Mengen und diese nur für einen kurzen Zeitraum angewendet werden (maximal 14 Tage). Die Lösung kann giftig wirken, und speziell Eier können in der Entwicklung gestört werden. Darf nur äußerlich auf der Haut angewandt werden und auf gar keinen Fall von Reptilien aufgenommen werden. Treten Vergiftungserscheinungen auf, muß sofort ein Tierarzt aufgesucht werden.

Ampicillin

Anwendung: Kann injiziert oder auch mit Flüssigkeit und/oder Futter zusammen oral verabreicht werden. Ampicillin ist meistens als Puder erhältlich und muß in sterilem Wasser aufgelöst werden (1 Teelöffel [5 ccm] steriles Wasser auf 500 mg Ampicillin-Puder).

Zweck: Ein Breitband-Antibiotikum zur Behandlung von bakteriellen Erkrankungen durch Gram-positive und Gram-negative Organismen. Kann zur Vorbeugung von Infektionen nach operativen Eingriffen oder bei einer durch andere Umstände begründeten erhöhten Anfälligkeit für Infektionen angewandt werden.

Risiken: Muß aufgelöst werden. Die Errechnung der zu verabreichenden Dosis

Anhang

Die Hundskopfboa (Sanzinia madagascariensis).
Foto: K.H. Switak.

Anhang

basiert auf dem Körpergewicht und Allgemeinzustand des Tieres. Da dieses Medikament verschreibungspflichtig ist, muß ein Tierarzt aufgesucht werden. Die Überdosierung von Antibiotika kann nachfolgende Infektionen verursachen, da auch die für die Körperfunktionen und das Immunsystem wichtigen Bakterien vernichtet werden, wie z.B. jene im Verdauungstrakt.

Wasserstoffsuperoxyd

Zusammensetzung: Wasserstoffsuperoxyd (H_2O_2) 3% in Wasser.

Anwendung: Kann unverdünnt, oder in verdünnter Form mit sterilem Wasser (1 : 1 Mischung), zum Auftragen mit einem sterilen Wattestäbchen oder Mulltuch verwendet werden. Nicht zur inneren Anwendung. Der Gebrauch führt zu einer Blasenbildung auf

Oben: Diamant-Python (Morelia spilotes variegatus); Foto: Jim Merli

Rechts: Die Nördliche Madagaskar-Boa (Acrantophis madagascariensis). Foto: Roberta Kayne.

Anhang

Braune Sandboa (Eryx johnii). Foto: B. Kahl.

Anhang

Timor-Python (Python timorensis).
Foto R.D. Bartlett.

Grüner Baumpython (Chondropython viridis), "Blaue Phase".
Foto: K.H. Switak.

Anhang

*Jamaica-Boa (*Epicrates subflavus*);*
Foto: R.D. Bartlett

Candoia aspera;
Foto: K.H. Switak

Elektrolyt-Lösungen und Flüssigkeit zur Behandlung von Dehydration und Unterernährung, wie auch als unterstützende Therapie bei Streß verursachenden Krankheiten und Verletzungen angewandt.

Risiken: Vor Licht und extremer Kälte schützen.

Eukalyptusöl

Anwendung: Es ist ein häufiger Bestandteil verschiedener Salbenarten und wohlriechenden Einreibemitteln, wird unverdünnt und in sehr kleinen Mengen direkt über den Grubenorganen am Kopf der Schlange aufgetragen.

Zweck: Zum Abbau von Atembeschwerden durch geschwollene und entzündete Schleimhäute der Luftröhre und Bronchien.

Fast "zeichnungsloser" Burma-Python (Python molurus bivittatus).
Foto: W.P. Mara.

der der Haut, die jedoch völlig harmlos ist.

Zweck: Zum Reinigen und Desinfizieren von Haut, Schleimhäuten und Wunden.

Risiken: Wie alle Medikamente sollte auch dieses nur in kleinen Mengen und nur gelegentlich angewandt werden.

Vitamin C, Ascorbinsäure

Zusammensetzung: Unterschiedliche Mengen von Ascorbinsäure (normalerweise 50 bis 1000 mg pro Tablette oder Teelöffel bei Pulver).

Anwendung: Wird normalerweise in Wasser oder Elektrolyt-Lösungen aufgelöst und oral verabreicht. Die Pulverform wird bevorzugt, aber auch Tabletten können zu Pulver zermalen werden.

Zweck: Wird im Zusammenhang mit Antibiotika,

Fachwortverzeichnis

Blutpython (Python curtus).
Foto: Roberta Kayne.

ABSZESS: Eine Verletzung, die zu einer Schwellung oder einem Knoten wird.

ARBOREAL: baumbewohnend

AUSGEMERGELT: Ein schwächlicher, magerer Körperzustand.

AUSWÜRGEN: Hervorwürgen von nicht- oder anverdautem Mageninhalt durch das Maul.

BEFRUCHTUNG: Die Verbindung männlicher und weiblicher Zellen zur Schaffung eines neuen Individuums.

BEUTE: Jedes Tier, das von einem anderen gefangen und gefressen wird.

DEHYDRATION: Austrocknung des Körpers durch übermäßigen Flüssigkeitsverlust.

DESINFIZIEREN: Das Entfernen von Krankheiten verursachenden Organismen; gründliches Reinigen. Ein Desinfektionsmittel ist ein chemisches Reinigungsmittel.

DIURNAL: Tagaktiv; ein diurnales Reptil ist am Tage aktiv und/oder jagt tagsüber nach Beute.

DOMINANT: Einen kontrollierenden Einfluß haben.

DORSAL: Den Rücken, die Rückenpartie betreffend; Gegenteil von ventral.

EINGEWEIDE: Innere Organe.

ELEKTROLYTE: Körpersubstanzen, die sich zu elektrisch leitfähigen Ionenverbindungen umformen - lebenswichtige Komponenten für Nerven und andere Zellen.

ERBGUT: Die genetische Übertragung individueller Merkmale von den Eltern auf die Nachkommen.

EMBRYO: Das früheste Entwicklungsstadium eines befruchteten Eies aus dem letztlich ein Nachkomme wird. Dieser Begriff beschreibt ebenfalls die schnelle Zellteilungsgeschwindigkeit.

Fachwortverzeichnis

Gummiboa (Charina bottae).
Foto: R.D. Bartlett.

EMBRYONALHÜLLE: Die membranenartige Umhüllung, in der sich der Embryo/Fötus entwickelt.

FASTEN: Ohne Nahrung auskommen.

FEHLGEBURT: Das "Verlieren" von Nachkommen aus dem Körper der Mutter bevor diese lebensfähig sind; Frühgeburt mit Todesfolge.

FORTPFLANZUNG: Vermehrung durch Zucht.

FÖTUS: Ein Embryo in einem fortgeschrittenen Entwicklungsstadium, und in der weiteren Entwicklung bis zur Geburt.

FRUCHTBARKEIT: Die Fähigkeit, Nachkommen zu erzeugen.

GATTUNG: Eine Gruppe miteinander verwandter Arten; der erste Teil des wissenschaftlichen Namens.

GELEGE: Bezieht sich auf Eier, die in einem Legevorgang gemeinsam abgelegt werden.

GEMEINSCHAFT: Die Vergesellschaftung mehrerer Individuen.

GEN: Die chemische Einheit von vererbbaren Anlagen zur Produktion bestimmter Merkmale in der Nachkommenschaft.

GENETIK: Vererbungslehre.

GESCHLECHTSBESTIMMUNG: Feststellung des individuellen Geschlechtes.

GLÜHLAMPE: Ein Leuchtkörper, der Licht und Wärme abgibt und über eine Lampenfassung elektrischen Kontakt bekommt.

HALTUNG: Pflege von Lebewesen in künstlicher Umgebung.

HAUTTASCHE: Eine röhrenförmige Hautfalte, in der

Fachwortverzeichnis

Gartenboa (Corallus enydris);
Foto: Michael Cardwell

Unterart der Regenbogenboa (Epicrates cenchria alvarezi);
Foto R.D. Bartlett

Fachwortverzeichnis

Wein-Boa (Epicrates gracilis). Foto: R.D. Bartlett.

sich ein Organ befindet.
HÄUTUNG: Das Abstreifen oder Verlieren alter Haut nach Produktion von neuer Haut darunter.
HAUTWUNDE: Verletzung oder Bruch in der Haut; damit sind auch Blasen und Abszesse gemeint, die mit Flüssigkeit oder Eiter gefüllte Hautausschläge darstellen.
HEMIPENIS: Paariges Paarungsorgan männlicher Schlangen.
HERPETOLOGIE: Die Lehre von Reptilien und Amphibien.
INFEKTION: Übertragung einer Erkrankung von einem Individuum zum anderen (Ansteckung).
INKUBATION: Der Prozeß, während dem das Ei durch Wärme bebrütet wird bis das Jungtier schlüpft.
JUVENIL: Ein junges Tier; nicht erwachsen.
KLOAKE: Die Öffnung, durch die Urin und Kot ausgeschieden werden und gleichzeitig zu den Geschlechtsorganen führt.
KOPULATION: Die Paarung.
KÖRPERUMFANG: Das Außenmaß eines zylindrischen Objekts; Messung um die Taille.
KOT: Feste Ausscheidungsmasse vom Darm.
KOTEN: Das Ausscheiden von Kot über die Kloake.
LATERAL: Die Seiten betreffend.
LAUWARMES WASSER: Handwarm; zwischen 20 und 27°C.
LEGENOT: Die Unfähigkeit, Eier auszutreiben.
LETHARGIE: Lustlosigkeit; leblos;
BEWEGUNGSUNLUST; Schwäche
LEUCHTSTOFFLAMPE: Ein röhrenartiger Leuchtkörper, der eine spezielle chemische Beschichtung hat, die Licht produziert wenn elektrischer Strom angelegt wird.
LUFTFEUCHTE: Der Anteil von Feuchtigkeit in der Luft.
MEMBRANE: Eine dünne, von kleinen Blutgefäßen

Neugeborene Gartenboa (Corallus enydris cooki). Foto: P.J. Stafford.

durchzogene Haut, die ein anderes Objekt umschließt. Augen-Membrane: die elastische oder schuppengleiche Haut, die die Linse des Auges schützt.

NAGETIERE: Mäuse, Ratten, Hörnchen, usw.; Säugetiere mit ständig nachwachsenden, zum Nagen geeigneten Schneidezähnen.

NEKROTISCH: Absterben einzelner Zellen, oder Zellgruppen oder bestimmter Hautpartien. Ein anderes Wort zur Umschreibung von Zellsterben ist "käsig", wobei die Schleimhäute sich zu einer "käsigen" Substanz zersetzen.

NOCTURAL: Nachtaktiv; ein nachtaktives Tier ist während der Nachtstunden aktiv und/oder jagt dann seine Beute.

ÖKOSYSTEM: Das gesamte System lebender Organismen und unbelebter Elemente, die zusammen in einem bestimmten Gebiet vorkommen.

OPAK, OPAZITÄT: Gegenteil von Transparenz, undurchsichtig, glanzlos; stumpf; unklar.

ÖRTLICH: Bezieht sich auf eine einzelne Stelle; eine Substanz, die auf eine bestimmte Hautpartie aufgetragen wird, und nur diese speziell beeinflußt.

OVULARIEN: Eileiter.

OVULATION: Die Eibildung, Eiablage.

PARASITEN: Ein lebender Organismus, der auf oder in anderen Organismen lebt und sich von diesen ernährt.

PHOTOPERIODE: Die Anzahl von wahrnehmbaren Tages- und Nachtstunden.

RUDIMENTÄR: Überreste einer einst funktionsfähigen Struktur, die aus einer früheren Entwicklungsstufe erhalten geblieben sind.

SANITÄR: Gesunde Sauberkeit durch Waschen, Schrubben, Desinfizieren oder Sterilisieren.

SCHLEIMHAUT: Die an die Körperöffnungen angrenzenden Hautpartien, in denen Schleim produzierende Zellen eingebettet sind; Mundschleimhaut, die Nasenschleimhäute, Schleimhäute im oberen Verdauungstrakt, im Dickdarm, usw.

SCHLÜPFLINGE: Neugeborene; frisch geschlüpfte Jungtiere.

SCHWÄCHE: Verlust von Stärke; Kraftlosigkeit.

SONDIERUNG: Eine Technik zur Unterscheidung der Geschlechter, durch Tiefenmessung der Hauttasche, in der die Fortpflanzungsorgane liegen, mit einem Stab aus Plastik oder Metall (Sonde).

SPERMA: Die männlichen Fortpflanzungszellen zur Befruchtung einer Eizelle; Samen.

SPHAGNUM: Sumpf- oder Torfmoos. Nützlich zur

Fachwortverzeichnis

Feuchtigkeitserhaltung.

STERIL: 1. Unfähig zur Fortpflanzung; unfruchtbar. 2. Frei von Mikroorganismen (Bakterien/Viren).

STOFFWECHSEL: Der physische und chemische Prozeß der Nahrungsumwandlung in Energie und die Speicherung von Stoffen im Körper für Wachstum und Zellentwicklung.

STREß: Die biologischen Veränderungen im Körper als Folgeerscheinung auf äußere Einflüsse, wie Heilungsprozesse von Verletzungen oder anderen Schädigungen.

SUBSTRAT: Das Bodenmaterial in einem Terrarium.

TRAUMA: Verletzung oder Wunde; Bißwunde; Brandwunde.

TERRARIUM: Ein Platz zur Haltung und Pflege von lebenden Amphibien und/oder Reptilien.

TRAGZEIT: Die Entwicklungsperiode eines Nachkommen (Schwangerschaft) und/oder eines Eies im Körper.

TRÄCHTIG: Schwanger oder Eier tragend.

UV-LAMPE: Ein spezieller Leuchtkörper, dessen Lichtspektrum bis in den UVa-Bereich reicht; für die Gesundheit von Reptilien notwendig.

ÜBERWINTERUNG: Das Ruhestadium bei herabgesetztem Stoffwechsel, in das sich viele Tiere während des Winters begeben.

UNBEFRUCHTETE EIER: Eier ohne Entwicklung.

UNFRUCHTBARKEIT: Die Unfähigkeit, Nachkommen zu erzeugen.

UNTERERNÄHRUNG: Der Zustand, der aus falscher oder nicht ausreichender Ernährung resultiert.

VENTRAL: Die Bauchseite betreffend; abdominal.

Verdauungszyklus: Der Zyklus, in dem Nahrung in Energie umgewandelt und vom Körper verbraucht wird.

VERJÜNGEN: Sich verschmälern, verengend, in eine Spitze auslaufend.

VERMICULIT: Ein Substrat, welches durch Erhitzen von Glimmer entsteht. Nützlich zur Feuchtigkeitserhaltung.

WARMBLÜTER: Ein Organismus, der seine Temperatur unabhängig von der Außentemperatur steuern kann.

WECHSELWARM: Tiere, deren Stoffwechsel und Körpertemperatur von den herrschenden Außentemperaturen bestimmt werden.

Über die Autoren

Erik D. STOOPS aus Scottsdale, Arizona, ist ein erfahrener Spezialist in der Pflege von Boas und Pythons in Gefangenschaft. Er erlangte seine zehnjährige Erfahrung durch das Sammeln und Pflegen von Reptilien und Amphibien und entwickelte großes Geschick bei der Einführung von Anfängern in das Gebiet der Herpetologie durch Vorträge, Videofilmproduktionen und andere Präsentationen, die auf seinen eigenen Erfahrungen und Kenntnissen aufbauen. Sein persönliches Ziel ist es, seine eigenen Erkenntnisse und Erfahrungen in der Herpetologie durch das Absolvieren akademischer Studien in Biologie und Zoologie, ständig zu erweitern, um letztlich vielleicht als Kurator an einem Museum für Forschung und Erhaltung der Reptilien und Amphibien dieser Welt arbeiten zu können.

Anette T. Wright aus Phoenix, Arizona, ist praktizierende Krankenschwester und ebenfalls eine erfahrene Spezialistin auf dem Gebiet der Terrarienhaltung von Boas und Pythons. Sie verwendet ihre medizinischen Kenntnisse und Fähigkeiten zur

Juvenile Rauhschuppen Sandboa (Eryx conicus).
Foto: P.J. Stafford.

Über die Autoren

Aufzucht von Jungtieren und zur Pflege von gesundheitlich problematischen Reptilien. Sie teilt ihre fünfjährige Erfahrung mit Anfängern auf dem Gebiet der Herpetologie durch das Halten von Vorträgen und Videovorführungen, als auch durch das Leiten von Diskussionsgruppen. Sie ist bestrebt, Interesse und Mitgefühl wie auch die Bereitschaft zum Erfahrungs- und Ideenaustausch zu erreichen, in der Hoffnung, daß dadurch das Verständnis für Reptilien und Amphibien gesteigert und mehr zum Schutz aller gefährdeten Tierarten dieser Welt getan werden kann. Erik und Annette arbeiten gemeinsam an der Schulung der Bevölkerung - speziell der Kinder - über Reptilien. Ihre persönliche Beziehung und ein offensichtlicher Respekt für die Tiere ist ihr Schlüssel zum Erfolg.

"Heranwachsende Kinder glauben an das, was man sie lehrt und was sie von Erwachsenen sehen, und wir versuchen für sie ein Beispiel zu sein, so daß sie schon

S. madagascariensis; *Foto R.D. Bartlett*

Über die Autoren

in jungen Jahren lernen, Wohlwollen und Respekt für die Tiere zu entwickeln. Wir versuchen, auch den Eltern die richtigen Informationen über Reptilien zu geben, um die allgegenwärtige, generelle Angst und Abneigung speziell gegen Schlangen, abzubauen. Die meisten unserer Zukunftsprojekte werden ganz gezielt auf Kinder und Jugendliche ausgerichtet sein, da diese für den Schutz und weiterführende Studien der Reptilien in der Zukunft verantwortlich sein werden. Auch begeistern uns Kinder aller Altersgruppen durch ihre ansteckende Neugier und Faszination, und sie feuern uns selbst zum Weiterlernen an." "Verständnis, Sorgfalt und Hoffnung ist die Philosophie, die wir in unser Leben einbeziehen und von denen dieses Buch handelt."

*Königspython (*Python regius*). Zeichnung: E.H. Hart.*

Index

Abgottschlange, 14, 20, 49, 69, 76, 79, 80, 140
Acrantophis dumerili, 5, 77
Acrantophis madagascariensis, 41, 42, 74, 77, 78, 128
Afrikanischer Felsenpython, 114
Ägyptische Sandboa, 87
Amethystpython, 103, 104
Angola-Python, 28, 32, 104, 105
Aspidites melanocephalus, 26, 92, 94
Aspidites ramsayi, 21, 92, 93
Atmungsprobleme, 43
Augenerkrankungen, 50
Auswürgen von Futter, 41
Bakterienerkrankungen, 45
Bananen-Boa, 94
Beleuchtung, 18
Bevorzugtes Futter, 26
Bimini-Zwergboa, 91
Bißverletzungen, 38
Blutpython, 106, 107, 108, 124, 133
Boa constrictor melanogaster, 46
Boa constrictor, 14, 20, 49, 69, 76, 78, 79, 80, 140
Boelens Wasserpython, 104, 105, 106
Braune Sandboa, 129
Brauner Wasserpython, 99
Bredles Rautenpython, 101
Buchführung, 22
Burma-Python, 34, 66, 68, 70, 107, 108, 109, 132
Calabaria reinhardtii, 95, 96
Candoia aspera, 25, 52, 132
Candoia bibroni, 19
Candoia carinata, 81
Candoia carinata paulsoni, 81
Ceylon-Python, 110
Charina bottae, 58, 81, 82, 134
Chemikalien, 120 ff
Chondropython viridis, 4, 40, 95, 96, 130
Corallus caninus, 11, 18, 23, 30, 82, 116
Corallus enydris, 1, 9, 33, 73, 82, 83, 135,
Corallus enydris cooki, 137
Diamant-Teppichpython, 25, 34, 102, 132, 128
Einrichtung, 10ff
Epicrates cenchria, 42, 86
Epicrates angulifer, 72, 84
Epicrates cenchria alvarezi, 84, 85, 121, 135

Epicrates chrysogaster chrysogaster, 48
Epicrates gracilis, 136
Epicrates inornatus, 85
Epicrates monensis monensis, 87
Epicrates monensis granti, 86
Epicrates striatus, 85
Epicrates subflavus, 44, 86, 131
Erbrechen, 41
Erdpython, 95, 96
Eryx colubrinus, 87
Eryx colubrinus loveridgei, 87
Eryx conicus, 67, 139
Eryx johnii, 87, 88, 129
Eryx milaris, 88
Eunectes murinus, 30, 89, 91
Eunectes notaeus, 90
Felsenpython, 31, 102, 117
Futtermengen, 28
Fütterung von Jungtieren, 33
Garten-Boa, 33, 73, 135, 137
Gefleckter Python, 98, 99
Gelbe Anakonda, 90
Gesundheitsprobleme bei der Zucht, 61
Gesundheitsprobleme, verschiedene, 64
Grüne Anakonda, 30, 89, 91
Grüner Baumpython, 4, 40, 95, 96, 130
Gummiboa, 58, 81, 82, 134
Haïti-Boa, 85
Handhabung, 22
Häutung, 54
Hundskopfschlinger, 11, 18, 23, 30, 82, 116
Indische Sandboa, 87
Jamaica-Boa, 44, 86, 133
Jungtieraufzucht, 72
Klimakontrolle, 11
Königsboa, 14, 20, 49, 69, 76, 79, 80, 140
Königspython, 13, 111, 112, 141
Kuba-Boa, 72, 84
Liasis albertisii, 95
Liasis boa, 74, 95, 101
Liasis childreni, 98, 99
Liasis fuscus, 99
Liasis mackloti, 99
Liasis olivaceus, 100

Index

Liasis perthensis, 69
Liasis stimsoni, 101
Lichanura trivirgata, 63, 89, 90
Lichanura trivirgata gracia, 8
Loxocemus bicolor, 65
Macklots Python, 98
Madagaskar-Boa, 41, 42, 74, 77
Medikamente, 120
Morelia bredli, 101
Morelia carinatus, 102
Morelia spilotes, 25, 34, 102, 122
Morelia spilotes variegatus, 102, 123, 128
Netzpython, 113, 114
Neuguinea-Zwergpython, 95
Nördliche Madagaskar-Boa, 78, 128
Oliv-Python, 100
Paarung, 66
Panama-Zwergboa, 91
Parasiten, außen, 57
Parasiten, innen, 55
Pazifik-Boa, 19, 81
Puerto Rica-Boa, 85
Pygmäenpython, 100
Python amethystinus, 103, 104
Python anchietae, 28, 104, 105, 106
Python boeleni, 104, 105
Python curtus, 106, 124, 133
Python curtus brongersmai, 107
Python curtus breitensteini, 108
Python molurus bivittatus, 6, 66, 68, 70, 107, 108, 124
Python molurus, 34
Python molurus molurus, 107
Python molurus pimbura, 110
Python oenpelliensis, 109, 111
Python regius, 13, 111, 112, 141
Python reticulatus, 113, 114, 115
Python sebae, 31, 114, 117
Python timorensis, 115, 130
Quarantäne, 36
Ramsays Python, 21, 92, 93
Rauhschuppen-Sandboa, 67, 139
Regenbogenboa, 42, 84, 85, 86, 121, 135
Reinigung, 21
Rosenboa, 63, 89, 90
Sanzinia madagascariensis, 74, 91, 127
Schlankboa, 86
Schwarzkopf-Python, 26, 92, 94
Sichtschutz, 11
Stimsons Python, 101
Streß, 37
Südaustralischer Wasserpython, 111
Teppichpython, 102
Terrarien, 6
Timor-Python, 115, 130
Transport, 24
Tropidophis canus curtus, 91
Überwinterung, 73
Ungaliophis continentalis, 53, 94
Ungaliophis panamensis, 91
Verbrennungen, 37
Vergiftungen, 39
Verletzungen, 38
Verstopfung, 42
Weinboa, 136
Weißlippenpython, 63, 95, 98
Zeitigung, 67
Zwangsernährung, 31
Zwergboa, 74

TERRARISTIK-BÜCHER AUS DEM BEDE VERLAG

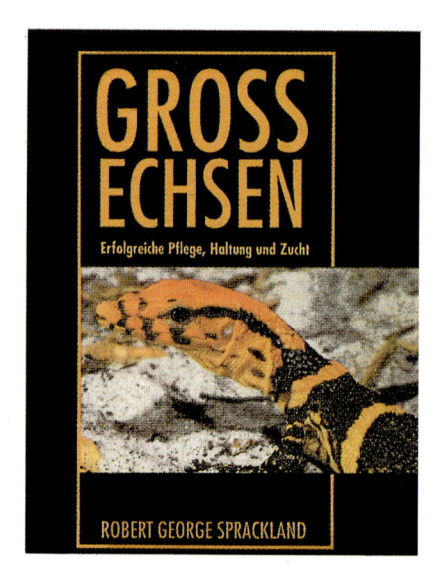

▶ **Großechsen**
von Robert G. Sprackland

ISBN 3-927 9976-20-X · VK DM 128,-
Ein einmaliger, großformatiger Farbband, mit 288 Seiten und 302 Farbabbildungen. Alle Echsen, die größer als etwa ein Meter werden, werden hier vorgestellt. Ein Profi berichtet über die erfolgreiche Pflege dieser modernen Dinosaurier. Die Informationsfülle macht dieses Buch zur Pflichtlektüre für jeden Terrarianer.

▶ **Riesenschlangen – Zucht und Pflege** von Dr. R. A. Ross und G. Marzec
ISBN 3-927 997-25-0 · VK DM 148,-
Die wohl bedeutendste Neuerscheinung auf dem Gebiet der Schlangenkunde. Amerikanische Schlangenfreunde bezeichnen dieses 270 seitige Werk gerne als ihre „Bibel".

▶ **Das große Buch der Königsnattern**
von Ronald G. Markel

ISBN 3-927 997-90-0 · VK DM 58,-
Das Standardwerk über Königs- und Milchnattern der Gattung Lampropeltis. Diese Nattern sind so farbenprächtig, daß sie eine der wichtigsten Gruppen im Hobby der Schlangenpflege darstellen!

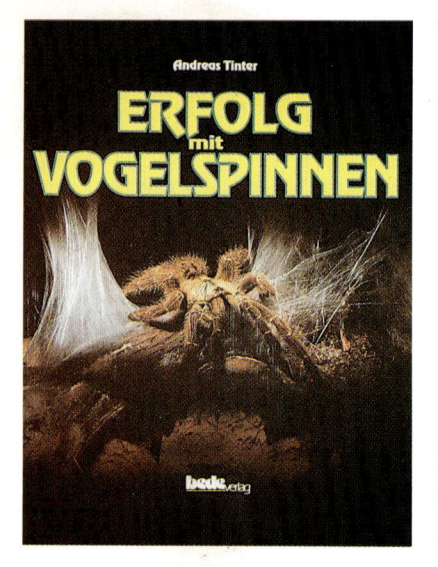

▶ **Erfolg mit Vogelspinnen** von Andreas Tinter
ISBN 3-927 997-27-7 · VK DM 39,80
Ein Buch des erfahrenen Aurors, das Sicherheit in Haltung, Pflege und Zucht der immer beliebter werdenden Vogelspinnen vermittelt. Ein Buch für die tägliche Praxis! 100 Seiten, 102 Farbabfotos

AUSSERDEM :

▶ **Schlangen-Atlas** von John Coborn • ISBN 3-927 997-93-5 · VK DM 189,-
Das Referenzbuch aller Familien, Unterfamilien und Arten der Schlangen dieser Welt, erscheint im Sommer 1995 in einer neuen, komplett überarbeiteten Version. 600 Seiten, über 1400 Farbfotos!

▶ **Das große Buch der Giftschlangen** von W.P. Mara • ISBN 3-927 997-53-6 · VK DM 58,-
Auf 200 Seiten und 180 farbigen Abbildungen werden die Giftschlangen der Welt vorgestellt. Lebensgewohnheiten, Freßverhalten, Pflege und Zucht werden ausführlich und anschaulich besprochen. Ein Fachbuch für jeden Schlangenfreund!

▶ **Das große Buch der Kettennattern** von Staszko und Walls • ISBN 3-927 997-52-8 · VK DM 78,-
Alle Arten von Elaphe, Bogerthopis, Senticolis und Gonyosoma werden hier auf 200 Seiten mit über 200 Farbbildern beschrieben. Das neue Standardwerk für Schlangenliebhaber!

▶ **Ratgeber Tropenwald im Wohnzimmer – Paludarien – Troparien** von Hans Gonella • ISBN 3-927 997-47-1 · VK DM 29,80
Tropische Pflanzen und Tiere hinter Glas werden hier in Wohnlandschaften integriert. Die Kombination von herrlichen Pflanzen und Fischen in Verbindung mit einem schönen Möbelstück inspiriert zum Wohnen mit einem Mini-Tropenwald. Ca. 100 Farbabbildungen auf 96 Seiten